Inhaltsübersicht

I. Grundlagen des Steuerbilanzrechts

Lektion 1: Periodengerechte Gewinnermittlung 11
Lektion 2: Wirtschaftsgüter und Betriebsvermögen 20

II. Die Abbildung der laufenden Geschäftsvorfälle

Lektion 3: Bilanzierung des Anlagevermögens 26
Lektion 4: Bilanzierung des Umlaufvermögens 70
Lektion 5: Das Eigenkapital als Saldogröße 82
Lektion 6: Bilanzierung der steuerfreien Rücklagen 89
Lektion 7: Verbindlichkeiten und Rückstellungen 109
Lektion 8: Bilanzierung der Rechnungsabgrenzungsposten 118

III. Schuldrechtliche Beziehungen zwischen Gesellschaft und Gesellschafter

Lektion 9: Sonderbetriebsvermögen bei Personengesellschaften . 124

IV. Die Abbildung des Gesellschafter- und Rechtsformwechsels

Lektion 10: Gesellschafterwechsel 138
Lektion 11: Umwandlungsrecht und Umwandlungssteuerrecht . . . 156

Inhalt 6
Verzeichnis der Leitsätze und Übersichten 9
Abkürzungen 172
Sachregister 174

Inhalt

I. Grundlagen des Steuerbilanzrechts

Lektion 1: Periodengerechte Gewinnermittlung 11
1 Buchführungspflichten............................. 11
2 Steuerbilanz...................................... 14
3 Gewinnermittlung durch Bilanzierung................. 17

Lektion 2: Wirtschaftsgüter und Betriebsvermögen........... 20
1 Positive und negative Wirtschaftsgüter 20
2 Betriebsvermögen und Privatvermögen................ 21

II. Die Abbildung der laufenden Geschäftsvorfälle

Lektion 3: Bilanzierung des Anlagevermögens................ 26
1 Immaterielle Wirtschaftsgüter 26
1.1 Immaterielle Einzelwirtschaftsgüter.................... 26
1.2 Geschäfts- oder Firmenwert......................... 28
2 Sachanlagevermögen............................... 30
2.1 Grund und Boden 30
2.2 Gebäude... 32
2.2.1 Unselbständige und selbständige Gebäudeteile 33
2.2.2 Abbruch eines Gebäudes oder Gebäudeteils.............. 39
2.2.3 Anschaffungsnaher Aufwand......................... 42
2.2.4 Mietereinbauten und Mieterumbauten.................. 45
2.3 Technische Anlagen und Maschinen 55
2.4 Betriebs- und Geschäftsausstattung sowie Andere Anlagen.. 60
2.5 Sammelposten und Geringwertige Wirtschaftsgüter (GWG).. 62
2.6 Kurzlebige Wirtschaftsgüter......................... 66
2.7 Geleistete Anzahlungen und Anlagen im Bau 66
3 Finanzanlagen 66

BLAUE SERIE *leicht gemacht*®

Herausgeber:
Dr. jur. Dr. jur. h.c. Helwig Hassenpflug
Richter Dr. Peter-Helge Hauptmann

Steuerbilanz

leicht gemacht

Eine Einführung für Studierende an Universitäten, Hochschulen und Berufsakademien

5. vollständig überarbeitete Auflage

von
Professor Dr. Stephan Kudert
Europa-Universität Viadrina Frankfurt (Oder)
und
Professor Dr. Peter Sorg
Hochschule für Wirtschaft und Recht Berlin

Ewald v. Kleist Verlag Berlin

Besuchen Sie uns im Internet:
www.leicht-gemacht.de

Autoren und Verlag freuen sich über Ihre Anregungen

Umwelthinweis: Dieses Buch
wurde auf chlorfrei gebleichtem Papier gedruckt
Gestaltung: Michael Haas, Joachim Ramminger, Berlin
Druck & Verarbeitung: Druckerei Siepmann GmbH, Hamburg
leicht gemacht® ist ein eingetragenes Warenzeichen

© 2022 Ewald v. Kleist Verlag Berlin

Vorwort der Verfasser

„**Steuerbilanz** – *leicht gemacht*®" ist der Versuch, Ihnen eine leicht verständliche, sicher interessante, aber zugleich nicht triviale Einführung in ein von Juristen und Wirtschaftswissenschaftlern gleichermaßen gefürchtetes Thema anzubieten. Unser Buch soll dem Leser einen Zugang zur Materie ermöglichen und das nötige Faktenwissen vermitteln, um eine Prüfung über das Steuerbilanzrecht zu bestehen. Das Buch kann und soll die einschlägige Fachliteratur, insbesondere Gerichtsurteile, Kommentare und Aufsätze in Fachzeitschriften nicht ersetzen, sondern eher darauf vorbereiten. Es ist als erste Einführung für Studierende an Universitäten, Hochschulen und Berufsakademien konzipiert, aber ebenso für Praktiker geeignet, die sich künftig mit der Bilanzierung nach Steuerrecht beschäftigen müssen.

Das Buch orientiert sich an dem bewährten didaktischen Vorbild der bislang in der Reihe „... *leicht gemacht*®" erschienenen fallorientierten Einführungen. Die dort entwickelten studientechnischen Hinweise sollten Sie auch in diesem Band genau beachten:

Langsam lesen. Bei jeder im Text aufgeworfenen Frage vor dem Weiterlesen erst selbst nachdenken. Zusammenhänge, die man versteht, muss man nicht auswendig lernen! Alle Leitsätze und Übersichten genau einprägen und vor Beginn einer neuen Lektion wiederholen.

Alle erwähnten Paragrafen im Gesetz nachschlagen und durchlesen, markieren und – sofern dies Ihre Prüfungsordnung gestattet – Randvermerke machen.

Merk- und Leitsätze sind besonders hervorgehoben:

> Gelegentlich werden wichtige Informationen schlicht überlesen. Textstellen, bei denen dies keinesfalls geschehen sollte, sind mit dieser Kennung markiert. Diese Hinweise sollten also sehr bewusst zur Kenntnis genommen werden.

Leitsatz

Die Leitsätze sind durch das Ausrufezeichen markiert.

Sie sind der Extrakt einer Lektion und sollten daher besonders intensiv zur Kenntnis genommen und verstanden werden. Gleiches gilt für die Übersichten.

Unseren wissenschaftlichen Mitarbeitern Dino Höppner und Filip Schade möchten wir einen besonderen Dank aussprechen, da ohne deren Unterstützung mancher fehlerhafte Paragrafenverweis unentdeckt geblieben wäre und deren technische Unterstützung sehr hilfreich war. Unseren Sekretärinnen, Frau Angelika Blank und Frau Claudia Kudert, sei für die stets zuverlässige Erledigung der Schreibarbeiten herzlich gedankt.

Wir hoffen, dass auch dieser Band das Interesse der Leser findet. Für Hinweise auf Fehler, Anregungen und Kritik sind wir dankbar.

Prof. Dr. Stephan Kudert   Prof. Dr. Peter Sorg

Lektion 4: Bilanzierung des Umlaufvermögens 70
1 Vorräte... 70
2 Forderungen aus Lieferungen und Leistungen........... 77
3 Wertpapiere 81

Lektion 5: Das Eigenkapital als Saldogröße................. 82
1 Zusammensetzung und Änderung des Eigenkapitals...... 82
2 Das Eigenkapital bei Einzelunternehmen................ 83
3 Das Eigenkapital bei Personengesellschaften............. 85
4 Das Eigenkapital bei Kapitalgesellschaften 86

Lektion 6: Bilanzierung der steuerfreien Rücklagen........... 89
1 Zuschussrücklage nach R 6.5 EStR 89
2 Rücklage für Ersatzbeschaffung nach R 6.6 EStR 94
3 Reinvestitionsrücklage nach § 6b EStG 101

Lektion 7: Verbindlichkeiten und Rückstellungen 109
1 Verbindlichkeiten................................... 109
2 Rückstellungen..................................... 110
2.1 Verbindlichkeits- und Aufwandsrückstellungen 112
2.2 Drohverlustrückstellungen 115

Lektion 8: Bilanzierung der Rechnungsabgrenzungsposten..... 118
1 Klassische Rechnungsabgrenzungsposten 118
2 „Steuerliche" Rechnungsabgrenzungsposten 120
2.1 Zölle und Verbrauchsteuern auf Vorräte 120
2.2 Umsatzsteuer auf Anzahlungen....................... 121

III. Schuldrechtliche Beziehungen zwischen Gesellschaft und Gesellschafter

Lektion 9: Sonderbetriebsvermögen bei Personengesellschaften 124
1 Rechtliche Grundlagen............................. 124
2 Sonderbetriebsvermögen I........................... 126
3 Sonderbetriebsvermögen II........................... 131
4 Sonderbetriebsvermögen bei der GmbH & Co. KG........ 131
5 Übertragung von Wirtschaftsgütern zwischen
 Sonderbetriebs- und Gesamthandsvermögen............. 137

IV. Die Abbildung des Gesellschafter- und Rechtsformwechsels

Lektion 10: Gesellschafterwechsel......................... 138
  1   Gesellschafterwechsel bei Kapitalgesellschaften........... 138
  2   Gesellschafterwechsel bei Personengesellschaften 139
  2.1 Eintritt in eine Personengesellschaft 139
  2.2 Austritt aus einer Personengesellschaft 148

Lektion 11: Umwandlungsrecht und Umwandlungssteuerrecht.. 156
  1   Umwandlungsrecht 156
  2   Umwandlungssteuerrecht.......................... 158
  2.1 Grundfall 1: Verschmelzung zweier Kapitalgesellschaften.. 161
  2.2 Grundfall 2: Verschmelzung einer Kapitalgesellschaft auf eine Personengesellschaft....................... 165
  2.3 Grundfall 3: Die Einbringung eines Einzelunternehmens, Teilbetriebs, Mitunternehmeranteils oder Anteils an einer Kapitalgesellschaft in eine Kapitalgesellschaft........... 167
  2.4 Grundfall 4: Die Einbringung eines Einzelunternehmens, Teilbetriebs, Mitunternehmeranteils oder Anteils an einer Kapitalgesellschaft in eine Personengesellschaft 169

Leitsätze * Übersichten

Leitsatz 1 Steuerbilanzrecht 11
Übersicht 1 Buchführungspflichten nach Handels- und Steuerrecht 13
Leitsatz 2 Buchführung und Steuerbilanz................. 17
Übersicht 2 Betriebsvermögensvergleich in Form einer Distanzrechnung mit zwei Steuerbilanzen 17
Leitsatz 3 Gewinn oder Verlust........................ 19
Leitsatz 4 Wirtschaftsgüter und Betriebsvermögen............ 21
Leitsatz 5 Abgrenzung Betriebsvermögen vom Privatvermögen.. 24
Übersicht 3 Betriebs- und Privatvermögen 25
Leitsatz 6 Immaterielle Einzelwirtschaftsgüter des Anlagevermögens............................ 28
Leitsatz 7 Derivativer Geschäfts- oder Firmenwert............ 29
Übersicht 4 Aktivierungsentscheidung in der Steuerbilanz 29
Übersicht 5 Grundstücksbestandteile...................... 30
Leitsatz 8 Grund und Boden........................... 31
Leitsatz 9 Gebäude.................................. 33
Übersicht 6 Gebäudebestandteile (Eigentümermaßnahmen) 36
Übersicht 7 Gemischt genutztes Gebäude 38
Leitsatz 10 Anschaffungsnaher Aufwand.................... 43
Übersicht 8 Anschaffungsnaher Aufwand.................... 44
Übersicht 9 Ertragsteuerliche Behandlung der Mietereinbauten und Mieterumbauten nach dem BMF-Schreiben vom 15.01.1976 (BStBl. I 1976, S. 66 f.) 48
Leitsatz 11 Mietereinbauten und Mieterumbauten 55
Übersicht 10 Bestandteile der Herstellungskosten gemäß § 6 Abs. 1 Nr. 1b EStG 58

Leitsätze * Übersichten

➜

Leitsatz	12 Technische Anlagen und Maschinen.	59
Leitsatz	13 Betriebs- und Geschäftsausstattung sowie Andere Anlagen.	62
Leitsatz	14 GWG – Sofortabschreibung und Sammelposten.	65
Leitsatz	15 Vorräte.	76
Leitsatz	16 Forderungen aus Lieferungen und Leistungen	80
Leitsatz	17 Zuschussrücklage.	94
Übersicht 11	Buchungen im Zusammenhang mit R 6.6 EStR	99
Leitsatz	18 Rücklage für Ersatzbeschaffung	101
Übersicht 12	Übertragungsmöglichkeiten stiller Reserven gemäß § 6b EStG	103
Leitsatz	19 Reinvestitionsrücklage	108
Leitsatz	20 Rückstellungen für ungewisse Verbindlichkeiten	114
Leitsatz	21 Aufwandsrückstellungen	115
Leitsatz	22 Drohverlustrückstellungen	116
Leitsatz	23 Steuerbilanz und Steuer-GuV 1. und 2. Stufe.	130
Leitsatz	24 Sonderbetriebsvermögen	136
Leitsatz	25 Ergänzungsbilanzen	144
Leitsatz	26 Austritt aus einer Personengesellschaft.	154
Übersicht 13	Austritt aus einer Personengesellschaft.	155
Leitsatz	27 Verschmelzung versus Einbringung	157
Leitsatz	28 Besteuerung der stillen Reserven bei Umwandlungen.	160
Leitsatz	29 Mögliche steuerrelevante Gewinne bei Umwandlungen	161

I. Grundlagen des Steuerbilanzrechts

Lektion 1: Periodengerechte Gewinnermittlung

Das Steuerbilanzrecht ist eines der schwierigsten und zugleich interessantesten Gebiete des Steuerrechts. Es ist der Teil des Steuerrechts, der sich mit der periodengerechten ertragsteuerlichen Gewinnermittlung durch Bilanzierung beschäftigt. Das Steuerbilanzrecht beschreibt die Rechtsgrundlagen der Steuerbilanzen. Grundlegende Normen sind die §§ 4 bis 7i EStG, die über § 8 Abs. 1 Satz 1 KStG für die körperschaftsteuerliche und über § 7 Satz 1 GewStG auch für die gewerbesteuerliche Gewinnermittlung Anwendung finden. Diese Vorschriften definieren den Begriff des Gewinns und schreiben vor, wie dieser zu ermitteln ist. Wichtige Regelungen des Steuerbilanzrechts sind weiterhin die §§ 140 bis 148 AO, die die steuerrechtlichen Vorschriften über die Führung von Büchern und Aufzeichnungen zum Gegenstand haben. Ergänzend treten für diejenigen Steuerpflichtigen, die auch die handelsrechtlichen Grundsätze ordnungsmäßiger Buchführung zu beachten haben, die §§ 238 bis 342e HGB (Drittes Buch. Handelsbücher) hinzu. Abzuwarten bleibt, welchen Einfluss die IFRS (International Financial Reporting Standards) auf das Steuerbilanzrecht künftig haben werden (Dazu Kudert u.a. „IFRS – *leicht gemacht*®").

Leitsatz 1

Steuerbilanzrecht

Das Steuerbilanzrecht ist **öffentliches Eingriffsrecht** und **Lastenverteilungsrecht**. Es regelt insbesondere in den §§ 4 bis 7i EStG die ertragsteuerliche Gewinnermittlung durch Bilanzierung.

1 Buchführungspflichten

 Fall 1

X betreibt in Berlin den Sporteinzelhandel „Fit & Fun". Er beschäftigt sechs Mitarbeiter. Sein Umsatz beträgt in diesem Jahr 850.000 €. X erzielt dabei einen Gewinn i.H.v. 90.000 €. Ist X handels- und steuerrechtlich zur Buchführung verpflichtet?

Ja! Nach § 238 Abs. 1 Satz 1 HGB ist jeder Kaufmann verpflichtet, „Bücher zu führen und in diesen seine Handelsgeschäfte und die Lage seines Vermögens nach den Grundsätzen ordnungsmäßiger Buchführung ersichtlich zu machen". Die handelsrechtliche Buchführungspflicht ist demnach mit der Kaufmannseigenschaft eng verknüpft. § 1 Abs. 1 HGB bestimmt: „Kaufmann im Sinne dieses Gesetzbuches ist, wer ein Handelsgewerbe betreibt"; und weiter in § 1 Abs. 2 HGB: „Handelsgewerbe ist jeder Gewerbebetrieb, es sei denn, dass das Unternehmen nach Art oder Umfang einen in kaufmännischer Weise eingerichteten Geschäftsbetrieb nicht erfordert". X betreibt selbständig und planmäßig, am Markt erkennbar und auf Dauer angelegt mit Gewinnerzielungsabsicht den Gewerbebetrieb „Fit & Fun". Mit sechs Mitarbeitern hat das Unternehmen einen in kaufmännischer Weise eingerichteten Geschäftsbetrieb. Die Eckwerte des § 241a HGB sind ebenfalls überschritten. Die handelsrechtliche Buchführungspflicht wird für das Steuerrecht übernommen. Gemäß § 140 AO (= abgeleitete steuerliche Buchführungspflicht) gilt das Folgende: „Wer nach anderen Gesetzen als den Steuergesetzen (z.B. HGB, Anm. d. Verf.) Bücher und Aufzeichnungen zu führen hat, die für die Besteuerung von Bedeutung sind, hat die Verpflichtungen, die ihm nach den anderen Gesetzen obliegen, auch für die Besteuerung zu erfüllen." X ist somit handelsrechtlich und damit automatisch auch steuerrechtlich zur Buchführung verpflichtet. Die originäre steuerliche Buchführungspflicht gemäß § 141 AO braucht in diesem Fall nicht mehr geprüft zu werden. Die Buchführungspflicht beginnt für X mit den ersten Vorbereitungsgeschäften für seinen Gewerbebetrieb unabhängig von der Handelsregistereintragung. Sie endet mit der Einstellung des Handelsgewerbes, also im Zeitpunkt der Betriebsliquidation und anschließenden Löschung aus dem Handelsregister.

Einzelheiten zur handels- und steuerrechtlichen Buchführungspflicht entnehmen Sie bitte Kudert/Sorg „Rechnungswesen – *leicht gemacht*®"und Kudert/Sorg „Übungsbuch Rechnungswesen – *leicht gemacht*®".

Übersicht 1 gibt noch einmal einen Schnellüberblick über die Buchführungspflichten nach Handels- und Steuerrecht:

Übersicht 1: Buchführungspflichten nach Handels- und Steuerrecht

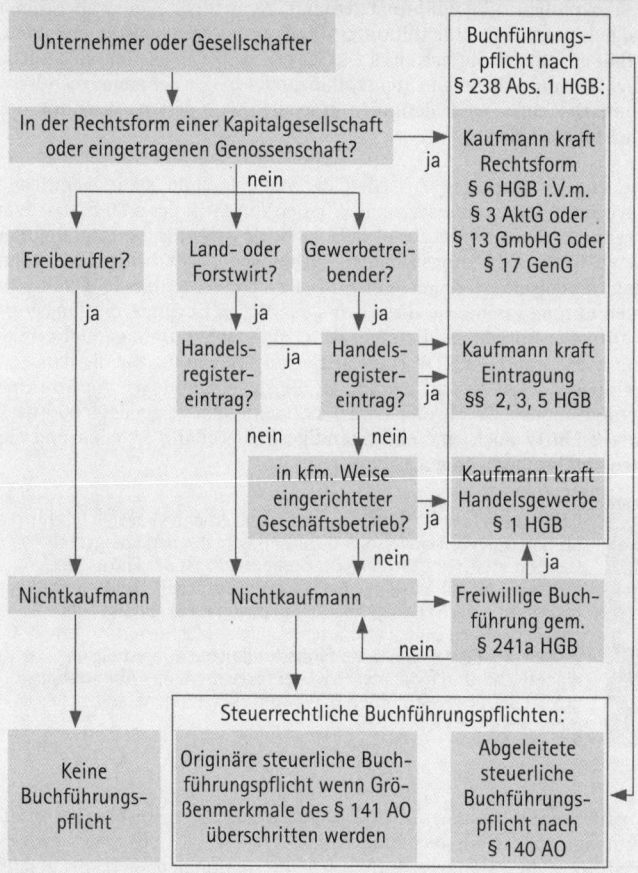

2 Steuerbilanz

In der Praxis wird die handelsrechtliche Buchführung nicht von der steuerrechtlichen Buchführung getrennt. Wenn unser X aus Fall 1 seiner handelsrechtlichen Buchführungspflicht ordnungsgemäß nachkommt, erfüllt er zugleich die sich aus § 140 AO ergebende abgeleitete steuerliche Buchführungspflicht. Die Steuerbilanz, oder besser der steuerrechtliche Jahresabschluss, stellt dann den gesetzlich geforderten Abschluss der Buchführung dar.

Die enge Verzahnung zwischen der handels- und steuerrechtlichen Buchführung kommt insbesondere in der Vorschrift des § 60 EStDV zum Ausdruck. Gemäß § 60 Abs. 1 Satz 1 EStDV ist es für die Erfüllung der steuerlichen Erklärungspflichten ausreichend, wenn dem Finanzamt eine Handelsbilanz eingereicht wird, die sich aus der handelrechtlichen Buchführung ergibt und diese den steuerlichen Gewinnermittlungsvorschriften entspricht. Ist diese Voraussetzung nicht erfüllt, genügt gemäß § 60 Abs. 2 Satz 1 EStDV eine Überleitungsrechnung, die die handelsrechtlichen Ansätze und Beträge an die steuerrechtlichen Ansätze und Beträge anpasst. Wahlweise kann der Steuerpflichtige gemäß § 60 Abs. 2 Satz 2 EStDV auch eine eigenständige Steuerbilanz erstellen und der Steuererklärung beifügen.

> Die Steuerbilanz ist somit die um die steuerlichen Spezialvorschriften **korrigierte** Handelsbilanz. Mit ihr wird der periodengerechte **Gewinn** ermittelt. **Adressat** der Steuerbilanz ist der **Fiskus**, der auf dieser Grundlage einen **Ertragsteueranspruch** ermittelt und festsetzt. In der Vergangenheit wurden von Klein- und Mittelbetrieben vielfach keine getrennten Handels- und Steuerbilanzen erstellt, sondern sogenannte **Einheitsbilanzen** aufgestellt und eingereicht. Durch die immer weiter fortschreitende **Abkopplung** des Steuerrechts (§ 5 Abs. 6 EStG) vom Handelsrecht ist dies heute nicht mehr möglich.

Ausführungen zu anderen Gewinnermittlungsarten, insbesondere zur Einnahmenüberschussrechnung gemäß § 4 Abs. 3 EStG, zur Gewinnermittlung bei Handelsschiffen im internationalen Verkehr gemäß § 5a EStG und zur Gewinnermittlung nach Durchschnittssätzen bei

Einkünften aus Land- und Forstwirtschaft gemäß § 13a EStG entnehmen Sie bitte Kudert „**Steuerrecht** – *leicht gemacht®*".

▬▬ Fall 2

Aus der Buchführung der „Fit & Fun" entnimmt X folgende Salden zum 31.12.02:

– Grundstücke	1.050.000 €
– Technische Anlagen und Maschinen	114.000 €
– Andere Anlagen, Betriebs- und Geschäftsausstattung	118.050 €
– Anzahlungen auf Sachanlagen	45.000 €
– Waren	249.000 €
– Forderungen aus Lieferungen und Leistungen	22.200 €
– Guthaben bei Kreditinstituten	20.100 €
– Kassenbestand	17.550 €
– Verbindlichkeiten gegenüber Kreditinstituten	831.000 €
– Verbindlichkeiten aus Lieferungen und Leistungen	77.400 €
– Eigenkapital	727.500 €

Wie sieht die Steuerbilanz zum 31.12.02 aus?

Die Steuerbilanz (lateinisch: bilanx = zwei Waagschalen habend) hat zwei Seiten. Die linke Seite der Steuerbilanz heißt Aktivseite, die rechte Seite der Steuerbilanz heißt Passivseite. Auf der Aktivseite (= Vermögensseite) steht das Vermögen des Unternehmens, geordnet nach zunehmender Liquidität. Auf der Passivseite (= Kapitalseite) steht das im Unternehmen investierte Gesamtkapital, geordnet nach den Prinzipien der Dringlichkeit der Zahlung (= zunehmende Fälligkeit) und nach der Rechtsstellung der Kapitalgeber (Eigen- und Fremdkapital). Das Eigenkapital ist hierbei die Differenz zwischen Vermögen und Schulden. Die Steuerbilanz ist somit stets ausgeglichen. Die Bundessteuerberaterkammer empfiehlt, die Steuerbilanz nach der Gliederungsvorschrift des § 266 HGB aufzustellen. Die Steuerbilanz (als Teil des Jahresabschlusses) ist in deutscher Sprache und in Euro aufzustellen. Sie ist unter Angabe des Datums vom Kaufmann zu unterschreiben (§§ 244 und 245 Satz 1 HGB).

Sporteinzelhandel „Fit &Fun" Bilanz zum 31.12.02 (in Euro)

Aktivseite		Passivseite	
A. Anlagevermögen		**A. Eigenkapital**	727.500
I. Sachanlagen			
1. Grundstücke, grundstücksgleiche Rechte und Bauten	1.050.000		
		B. Verbindlichkeiten	
2. Technische Anlagen und Maschinen	114.000	1. Verbindlichkeiten gegenüber Kreditinstituten	831.000
3. Andere Anlagen, Betriebs- und Geschäftsausstattung	118.050	2. Verbindlichkeiten aus Lieferungen und Leistungen	77.400
4. Anzahlungen auf Sachanlagen	45.000		
B. Umlaufvermögen			
I. Vorräte			
1. Fertige Erzeugnisse und Waren	249.000		
II. Forderungen und sonstige Vermögensgegenstände			
1. Forderungen aus Lieferungen und Leistungen	22.200		
III. Flüssige Mittel			
1. Guthaben bei Kreditinstituten	20.100		
2. Kassenbestand	17.550		
	1.635.900		1.635.900

Berlin, 31.12.02, Paul X

Paul X

Leitsatz 2

Buchführung und Steuerbilanz

Die Buchführung ist eine **Zeitraumrechnung**, die alle Geschäftsvorfälle eines Geschäftsjahres **chronologisch, systematisch** geordnet, **zeitnah** und **lückenlos** aufzeichnet. Die Steuerbilanz stellt den gesetzlich geforderten **Abschluss der Buchführung** dar. Adressat der Steuerbilanz ist ausschließlich der Fiskus.

3 Gewinnermittlung durch Bilanzierung

Bei Gewerbetreibenden, die aufgrund gesetzlicher Vorschriften (= HGB; AO) verpflichtet sind, Bücher zu führen und regelmäßig Abschlüsse zu machen, erfolgt die steuerbilanzielle Gewinnermittlung auf der Grundlage eines Vermögensvergleiches. Verglichen wird gemäß § 5 Abs. 1 Satz 1 EStG i.V.m. § 4 Abs. 1 Satz 1 EStG das Betriebsvermögen zum Schluss eines Wirtschaftsjahres mit dem Betriebsvermögen zum Schluss des vorangegangenen Wirtschaftsjahres, vermehrt um den Wert der Entnahmen und vermindert um den Wert der Einlagen. Unter Betriebsvermögen versteht der Gesetzgeber in diesem Zusammenhang das **Betriebsreinvermögen** (= **Eigenkapital**) zu den jeweiligen Stichtagen, also die Differenz zwischen dem Vermögen (= Aktivseite der Steuerbilanz) und den Schulden (= Passivseite der Steuerbilanz). Diese Differenz ist um die nicht betrieblich veranlassten Veränderungen des Eigenkapitals, also um die Entnahmen (§ 4 Abs. 1 Satz 2 EStG) und Einlagen (§ 4 Abs. 1 Satz 8 EStG) in Form von Geld, Waren, Erzeugnissen etc., zu korrigieren:

Übersicht 2: Betriebsvermögensvergleich in Form einer Distanzrechnung mit zwei Steuerbilanzen

	Betriebsvermögen am Schluss des Wirtschaftsjahres t_1
./.	Betriebsvermögen am Schluss des vorangegangenen Wirtschaftsjahres t_0
=	Betriebsvermögenszuwachs oder Betriebsvermögensabnahme
+	Entnahmen in t_1
./.	Einlagen in t_1
=	Gewinn bzw. Verlust

> **Steuerfreie Betriebseinnahmen,** wie z.B. erhaltene Investitionszulagen oder steuerfreie Auslandseinkünfte, sind vom Ergebnis des Betriebsvermögensvergleiches **außerbilanziell abzuziehen. Nicht abzugsfähige Betriebsausgaben** wie beispielsweise Geldbußen, Ordnungsgelder oder Verwarnungsgelder sind dem Ergebnis des Betriebsvermögensvergleiches **außerbilanziell wieder hinzuzurechnen.**

Fall 3

Für die Fit & Fun ergibt sich zum 31.12.02 folgende (stark verkürzte) Steuerbilanz:

Aktivseite	Steuerbilanz zum 31.12.02 (in Euro)		Passivseite
Anlagevermögen	1.327.050	Eigenkapital	727.500
Umlaufvermögen	308.850	Schulden	908.400
	1.635.900		1.635.900

Die zum 31.12.01 erstellte (wieder stark verkürzte) Steuerbilanz wies folgende Werte aus:

Aktivseite	Steuerbilanz zum 31.12.01 (in Euro)		Passivseite
Anlagevermögen	1.200.000	Eigenkapital	637.500
Umlaufvermögen	300.000	Schulden	862.500
	1.500.000		1.500.000

Zum 16.5.02 hatte X aus seinem Privatvermögen 20.000 € auf das betriebliche Bankkonto der Fit & Fun überwiesen. Zum 15.11.02 konnte X diesen Geldbetrag dem Betrieb wieder entnehmen. Wie hoch ist der Gewinn der Fit & Fun zum 31.12.02?

	Betriebsvermögen zum 31.12.02	727.500 €
./.	Betriebsvermögen zum 31.12.01	637.500 €
+	Entnahmen in 02	20.000 €
./.	Einlagen in 02	20.000 €
=	Gewinn	90.000 €

Die (auch vereinfachte) Gewinn- und Verlustrechnung als Zeitraumrechnung in Staffelform für das Wirtschaftsjahr 02 sieht wie folgt aus:

Handelsrecht:		Steuerrecht:	
	Erträge		Betriebseinnahmen	850.000 €
./.	Aufwendungen	./.	Betriebsausgaben	760.000 €
=	Jahresüberschuss	=	Gewinn	90.000 €

Leitsatz 3

Gewinn oder Verlust

Bei buchführungspflichtigen Gewerbetreibenden wird der Gewinn (bzw. Verlust) eines Wirtschaftsjahres auf der Grundlage eines **Betriebsvermögensvergleiches** in Form einer **Distanzrechnung** mit zwei Steuerbilanzen ermittelt. Dieser muss aufgrund der Systematik der doppelten Buchführung mit dem Gewinn bzw. Verlust der Gewinn- und Verlustrechnung übereinstimmen. Wichtig ist, dass der steuerliche Gewinn (bzw. Verlust) davon abhängt, was als **Vermögen** und **Schulden** anzusehen ist und wie diese Positionen vom Steuerpflichtigen **bewertet** wurden.

Lektion 2: Wirtschaftsgüter und Betriebsvermögen

Der Betriebsvermögensvergleich gemäß § 5 Abs. 1 Satz 1 EStG i.V.m. § 4 Abs. 1 Satz 1 EStG besteht im Wesentlichen in der Ermittlung einer Reinvermögensänderung eines Wirtschaftsjahres. Entscheidend für die Frage, wie hoch der Gewinn oder Verlust des betrachteten Wirtschaftsjahres ist, ist welche Vermögensgegenstände und Schulden überhaupt in den Betriebsvermögensvergleich einbezogen werden (= Ansatzvorschriften) und wie diese zu bewerten sind (= Bewertungsvorschriften). Das Steuerbilanzrecht spricht nun aber nicht mehr von Vermögensgegenständen und Schulden, sondern von positiven und negativen Wirtschaftsgütern. Folglich ist zunächst zu klären, wie der Begriff des Wirtschaftsgutes definiert ist und unter welchen Voraussetzungen Wirtschaftsgüter zum Betriebsvermögen gehören. Anschließend muss noch das Betriebsvermögen vom Privatvermögen abgegrenzt werden, da aus § 5 Abs. 1 Satz 1 EStG i.V.m. § 4 Abs. 1 Satz 1 EStG folgt, dass zur Gewinnermittlung nur das Betriebsvermögen heranzuziehen ist.

1 Positive und negative Wirtschaftsgüter

Gemäß H 4.2 Abs. 1 EStH (Stichwort: Wirtschaftsgut-Begriff) sind positive Wirtschaftsgüter „Sachen, Rechte oder tatsächliche Zustände, konkrete Möglichkeiten oder Vorteile für den Betrieb, deren Erlangung der Kaufmann sich etwas kosten lässt, die einer besonderen Bewertung zugänglich sind, in der Regel eine Nutzung für mehrere Wirtschaftsjahre erbringen und zumindest mit dem Betrieb übertragen werden können". Positive Wirtschaftsgüter werden wie folgt klassifiziert:

▶ Materielle (körperliche) und immaterielle (nicht körperliche) Wirtschaftsgüter;

▶ Bewegliche und unbewegliche Wirtschaftsgüter;

▶ Abnutzbare und nicht abnutzbare Wirtschaftsgüter;

▶ Wirtschaftsgüter des Anlagevermögens bzw. Wirtschaftsgüter des Umlaufvermögens entsprechend ihrer Art und Zweckbestimmung.

Negative Wirtschaftsgüter sind (Betriebs-)Schulden, die sich wiederum in Rückstellungen und Verbindlichkeiten klassifizieren lassen. Negative Wirtschaftsgüter müssen nach der Verkehrsauffassung einer eigenständigen Bewertung zugänglich sein, zum Bilanzstichtag rechtlich bestehen oder zumindest wirtschaftlich verursacht sein. Sie stellen eine Last dar, die über das abgelaufene Wirtschaftsjahr hinaus wirkt; H 4.2 Abs. 15 EStH (Stichwort: Betriebsschuld).

Gemäß § 39 Abs. 1 AO sind Wirtschaftsgüter grundsätzlich dem zivilrechtlichen Eigentümer zuzurechnen. Der zivilrechtliche Eigentümer ist i.d.R. identisch mit dem wirtschaftlichen Eigentümer. Ausnahmsweise, wenn zivilrechtliches und wirtschaftliches Eigentum auseinanderfallen, z.B. bei Sicherungsübereignungen oder Eigentumsvorbehalt, werden die Wirtschaftsgüter gemäß § 39 Abs. 2 Nr. 1 AO dem wirtschaftlichen Eigentümer zugerechnet. Wirtschaftlicher Eigentümer ist, wer die tatsächliche Herrschaft über ein Wirtschaftsgut in der Weise ausübt, dass er den zivilrechtlichen Eigentümer für die gewöhnliche Nutzungsdauer von der Einwirkung auf das Wirtschaftsgut wirtschaftlich ausschließen kann; § 39 Abs. 2 Nr. 1 Satz 1 AO.

Leitsatz 4

Wirtschaftsgüter und Betriebsvermögen

Entscheidend für die Zugehörigkeit der Wirtschaftsgüter zum Betriebsvermögen ist, **wer** das Wirtschaftsgut **tatsächlich** auch **nutzt** und damit den wirtschaftlichen Vorteil aus ihm zieht.

2 Betriebsvermögen und Privatvermögen

Wie Sie bereits wissen, erfolgt die steuerbilanzielle Gewinnermittlung durch Betriebsvermögensvergleich. Berücksichtigt werden darf ausschließlich das Betriebsvermögen; Privatvermögen darf in den Steuerbilanzen nicht erfasst werden. Das erfordert eine eindeutige Abgrenzung der Wirtschaftsgüter des Betriebsvermögens von den Wirtschaftsgütern des Privatvermögens.

Zum Betriebsvermögen gehören alle im zivilrechtlichen oder wirtschaftlichen Eigentum stehenden Wirtschaftsgüter, die aus betrieblicher Veranlassung angeschafft, hergestellt oder eingelegt werden. Eine betriebliche Veranlassung liegt vor, wenn ein objektiver Förderzusammenhang mit dem Betrieb besteht. Die Rechtsprechung und Finanzverwaltung unterscheiden in diesem Zusammenhang:

- ▶ Notwendiges Betriebsvermögen
- ▶ Notwendiges Privatvermögen
- ▶ Gewillkürtes Betriebsvermögen

Gemäß R 4.2 Abs. 1 Satz 1 EStR sind „Wirtschaftsgüter, die ausschließlich und unmittelbar für eigenbetriebliche Zwecke des Steuerpflichtigen genutzt werden oder dazu bestimmt sind (...) notwendiges Betriebsvermögen". Dies sind Wirtschaftsgüter, die ihrer Natur nach eng mit dem Betrieb des Steuerpflichtigen verbunden sind und für die Durchführung des Geschäftsbetriebs wesentlich oder gar unentbehrlich sind (= geborenes notwendiges Betriebsvermögen). Notwendiges Betriebsvermögen sind weiterhin Wirtschaftsgüter, deren tatsächliche betriebliche Nutzung ganz eindeutig überwiegt (= gekorenes notwendiges Betriebsvermögen). Ein Wirtschaftsgut, das notwendiges Betriebsvermögen ist, muss in der Steuerbilanz des Steuerpflichtigen angesetzt werden. Es verliert seine Eigenschaft als notwendiges Betriebsvermögen erst durch Untergang, Verkauf oder Entnahme aus dem Betrieb heraus.

Fall 4
X betreibt einen Gerüstbaubetrieb. Sind die in 01 angeschafften Gerüstteile notwendiges Betriebsvermögen?

Ja! Gerüstteile sind geborenes notwendiges Betriebsvermögen, da diese für die Führung des Betriebs unentbehrlich sind.

Fall 5
X nutzt einen Pkw im Umfang von 80 % zu betrieblich veranlassten Fahrten. Ist der Pkw notwendiges Betriebsvermögen?

Ja! „Wirtschaftsgüter, die nicht Grundstücke oder Grundstücksteile sind und die zu mehr als 50 % eigenbetrieblich genutzt werden, sind in vollem Umfang notwendiges Betriebsvermögen" (= gekorenes notwendiges Betriebsvermögen, Anm. d. Verf.); R 4.2 Abs. 1 Satz 4 EStR. Die private Mitbenutzung des Pkw wird durch eine Entnahmebuchung der entsprechenden privat veranlassten Aufwendungen gemäß § 6 Abs. 1 Nr. 4 Sätze 2 und 3 EStG berücksichtigt.

Fall 6

Gewerbetreibender X erwirbt (= Kauf und Erhalt) einen sehr teuren Anzug für 2.000 € und trägt diesen beruflich. Ist der Anzug notwendiges Betriebsvermögen?

Nein! Der Anzug ist notwendiges Privatvermögen und wird nicht bilanziert. Wirtschaftsgüter, die in keiner Beziehung zum Betrieb des Steuerpflichtigen stehen oder deren betriebliche Beziehung von ganz untergeordneter Bedeutung ist, sind notwendiges Privatvermögen. Sie werden in den Steuerbilanzen nicht ausgewiesen.

Selbst wenn X seinen teuren Anzug ausschließlich im Büro trägt, ist eine private Mitveranlassung beim Erwerb nicht ausgeschlossen. Vielleicht will X ja auch seiner jungen Sekretärin ein wenig imponieren?!

Fall 7

X erwirbt (= Kauf und Erhalt) einen Pkw und nutzt diesen im Umfang von 95% zu privat veranlassten Fahrten. Ist der Pkw notwendiges Privatvermögen und wird somit nicht bilanziert?

Ja! Werden Wirtschaftsgüter „zu mehr als 90% privat genutzt, gehören sie in vollem Umfang zum notwendigen Privatvermögen"; R 4.2 Abs. 1 Satz 5 EStR. Besonderheiten gelten nach R 4.2 Abs. 9 EStR für Grundstücke und Grundstücksteile.

Gemäß R 4.2 Abs. 1 Satz 3 EStR können (gemischt genutzte) Wirtschaftsgüter, die weder notwendiges Betriebsvermögen noch notwendiges Privatvermögen darstellen, als gewillkürtes Betriebsvermögen behandelt werden, wenn diese in einem objektiven Zusammenhang zu dem Betrieb stehen und ihn zu fördern bestimmt und geeignet sind. „Die Steuerpflichtigen haben kein (freies) Wahlrecht, gewillkürtes Betriebsvermögen oder Privatvermögen zu bilden. Vielmehr muss für die Bildung gewillkürten Betriebsvermögens eine betriebliche Veranlassung gegeben sein. Die Wirtschaftsgüter müssen objektiv ‚betriebsdienlich' sein"; H 4.2 Abs. 1 EStH (Stichwort: Gewillkürtes Betriebsvermögen).

Fall 8

Möbeleinzelhändler X erwirbt für seinen Gewerbebetrieb hochspekulative branchenfremde Aktien, die in der Vergangenheit hohe Verluste erfahren haben. Aufgrund eines Kurzartikels in einer Frisörzeitung rechnet X mit deutlichen Kurssteigerungen. Kann X die Aktien als gewillkürtes Betriebsvermögen behandeln?

Nein! Voraussetzung für den Ansatz der Aktien als gewillkürtes Betriebsvermögen ist, dass diese objektiv geeignet sind, dem Betrieb des X zu dienen und diesen zu fördern. Diese Voraussetzung ist nicht erfüllt. Die bloße Vermutung des X, aus der Aktienanlage vielleicht Gewinn in Form von Kurssteigerungen erzielen zu können, reicht für eine Behandlung als gewillkürtes Betriebsvermögen nicht aus; H 4.2 Abs. 1 EStH (Stichwort: Wirtschaftsgut – Verlustbringende Wirtschaftsgüter).

Fall 9

X erwirbt (= Kauf und Erhalt) im Januar 01 einen Pkw und nutzt diesen zu 40 % betrieblich und zu 60 % privat. Kann X den Pkw als gewillkürtes Betriebsvermögen behandeln?

Ja! Nach R 4.2 Abs. 1 Satz 6 EStR setzt der Ansatz von gewillkürtem Betriebsvermögen voraus, dass der Anteil der betrieblichen Nutzung des Wirtschaftsgutes mindestens 10 % und höchstens 50 % beträgt (10 % ≤ Anteil ≤ 50 %).

Leitsatz 5

Abgrenzung Betriebsvermögen vom Privatvermögen

In der Steuerbilanz sind Wirtschaftsgüter dann **notwendiges Betriebsvermögen**, wenn diese **ausschließlich** und **unmittelbar** für **eigenbetriebliche Zwecke** des Steuerpflichtigen genutzt werden. Bei **beweglichen Wirtschaftsgütern** reicht eine eigenbetriebliche Nutzung von **mehr als 50 %** aus, um das Wirtschaftsgut insgesamt dem notwendigen Betriebsvermögen zuzuordnen. Wirtschaftsgüter, die ihrer Zweckbestimmung nach **nicht geeignet** sind, dem **Betrieb zu dienen**, sind **notwendiges Privatvermögen**. Wirtschaftsgüter, die weder notwendiges Betriebsvermögen noch notwendiges Privatvermögen sind, können als **gewillkürtes Betriebsvermögen** behandelt werden, wenn diese in einem gewissen **objektiven Zusammenhang** zu dem Betrieb stehen und ihn zu fördern bestimmt und geeignet sind.

Übersicht 3 verdeutlicht noch einmal die Zuordnung der Wirtschaftsgüter zum Betriebs- und zum Privatvermögen:

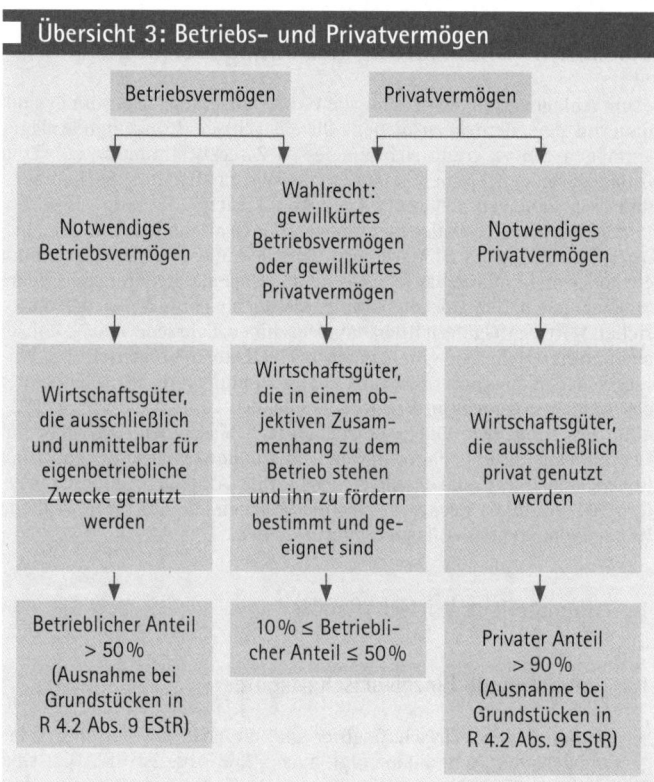

Übersicht 3: Betriebs- und Privatvermögen

II. Die Abbildung der laufenden Geschäftsvorfälle

Lektion 3: Bilanzierung des Anlagevermögens

„Zum Anlagevermögen gehören die Wirtschaftsgüter, die bestimmt sind, dauernd dem Betrieb zu dienen. Ob ein Wirtschaftsgut zum Anlagevermögen gehört, ergibt sich aus dessen Zweckbestimmung (...). Zum Anlagevermögen können immaterielle Wirtschaftsgüter, Sachanlagen und Finanzanlagen gehören"; R 6.1 Abs. 1 Sätze 1, 2 und 4 EStR. Die Wirtschaftsgüter des Anlagevermögens können abnutzbar (z.B. Gebäude, technische Anlagen und Maschinen, Betriebs- und Geschäftsausstattung etc.) oder nicht abnutzbar (z.B. Grund und Boden, Beteiligungen, andere Finanzanlagen, Gemälde anerkannter Meister etc.) sein. Neben den materiellen Wirtschaftsgütern (Gebäude, Maschinen, Fahrzeuge etc.) kommen auch immaterielle Wirtschaftsgüter (z.B. Patente, Gebrauchsmuster, Warenzeichen, Computerprogramme etc.) als abnutzbare Wirtschaftsgüter des Anlagevermögens in Betracht. Schließlich können die Wirtschaftsgüter des Anlagevermögens beweglich (z.B. Maschinen, Betriebs- und Geschäftsausstattung, Fahrzeuge etc.) oder unbeweglich (z.B. Grund und Boden, Gebäude, Gebäudeteile etc.) sein. Diese Unterscheidung ist insofern bedeutsam, da Rechtsvorschriften bestehen, die nur für bewegliche Wirtschaftsgüter des Anlagevermögens gelten.

1 Immaterielle Wirtschaftsgüter

1.1 Immaterielle Einzelwirtschaftsgüter

Die immateriellen Wirtschaftsgüter sind die erste Position des Anlagevermögens der Steuerbilanz (vgl. auch § 266 Abs. 2 HGB). Dies sind Einzelwirtschaftsgüter, die keine körperliche Gestalt haben. Sie gehören zu den unbeweglichen und i.d.R. abnutzbaren Wirtschaftsgütern des Anlagevermögens. Typische Fälle sind gemäß R 5.5 Abs. 1 Satz 1 EStR „Rechte, rechtsähnliche Werte und sonstige Vorteile". Beispiele für immaterielle Einzelwirtschaftsgüter sind Belieferungsrechte, Optionsrechte, Konzessionen, Patente, Markenrechte, Urheberrechte, Verlagsrechte, Lizenzen, Warenzeichen, Computerprogramme (Software), Gebrauchsmuster, Rezepte, ungeschützte Erfindungen, virtuelle Währungen oder die Domain-Adresse im Internet. Ist ein immaterieller Wert an ein materielles Wirtschaftsgut geknüpft (z.B. Datenträger in der Softwareindustrie), so ist maßgebend, welches Element, nämlich der geistige Gehalt oder die körperliche Substanz, überwiegt. Ist dieses kleine Buch ein materielles oder ein immaterielles Wirtschaftsgut?! Denken Sie darüber einmal kurz nach!

Die Abgrenzung der immateriellen Wirtschaftsgüter von den materiellen Wirtschaftsgütern des Anlagevermögens ist deshalb bedeutsam, weil gemäß § 5 Abs. 2 EStG immaterielle Wirtschaftsgüter des Anlagevermögens nur dann aktiviert werden dürfen, wenn sie entgeltlich erworben wurden. „Ein immaterielles Wirtschaftsgut ist entgeltlich erworben worden, wenn es durch einen Hoheitsakt oder ein Rechtsgeschäft gegen Hingabe einer bestimmten Gegenleistung übergegangen oder eingeräumt worden ist"; R 5.5 Abs. 2 Satz 2 EStR.

Das Aktivierungsverbot des § 5 Abs. 2 EStG beschränkt sich ausdrücklich auf die selbstgeschaffenen immateriellen Wirtschaftsgüter des Anlagevermögens. Gehört dagegen ein selbstgeschaffenes immaterielles Wirtschaftsgut nach seiner Zweckbestimmung zum Umlaufvermögen, so ist dieses zwingend zu aktivieren.

Fall 10
X entwickelt für sein eigenes Unternehmen ein qualitätssteigerndes Fabrikationsverfahren mit Hilfe der Six Sigma Verbesserungsstrategie und erhält hierfür ein Patent. Dürfen die in diesem Zusammenhang entstandenen Entwicklungsaufwendungen für Materialien, Gehälter und Gebühren als immaterielles Einzelwirtschaftsgut des Anlagevermögens aktiviert werden?

Nein! Gemäß § 5 Abs. 2 EStG liegt kein entgeltlicher Erwerb vor.

Einzelheiten zum handelsrechtlichen Ansatz und zur (Folge-)Bewertung entnehmen Sie bitte Kudert/Sorg „Rechnungswesen – *leicht gemacht*®" und Kudert/Sorg „Übungsbuch Rechnungswesen – *leicht gemacht*®".

Fall 11
X erwirbt für seine EDV-Anlage eine neue Spezialsoftware für 10.000 € (netto). Ist diese zu aktivieren und abzuschreiben?

Ja! Bei der Spezialsoftware handelt es sich um ein entgeltlich erworbenes immaterielles Wirtschaftsgut des Anlagevermögens, welches mit den Anschaffungskosten zu aktivieren ist (§ 6 Abs. 1 Nr. 1 Satz 1 EStG). Gemäß § 7 Abs. 1 Sätze 1, 2 und 4 EStG i.V.m. R 7.1 Abs. 1 Nr. 2 EStR ist die Spezialsoftware linear und zeitanteilig, d.h. pro rata temporis, abzuschreiben, wobei der angebrochene Monat voll mitgerechnet wird.

> ## Leitsatz 6
> **Immaterielle Einzelwirtschaftsgüter des Anlagevermögens**
>
> Für **selbstgeschaffene immaterielle Einzelwirtschaftsgüter** des Anlagevermögens besteht gemäß § 5 Abs. 2 EStG ein **Aktivierungsverbot**. Es handelt sich um unsichere und schwer einschätzbare Werte, die noch keine Bestätigung durch den Markt gefunden haben. Werden dagegen immaterielle Einzelwirtschaftsgüter des Anlagevermögens **entgeltlich erworben**, so besteht in der Steuerbilanz ein **Aktivierungsgebot**. Die Absetzung für Abnutzung (= **AfA**) erfolgt **stets linear** und **zeitanteilig**.

1.2 Geschäfts- oder Firmenwert

Immaterielle Einzelwirtschaftsgüter des Anlagevermögens sind vom derivativen, d.h. entgeltlich erworbenen, Geschäfts- oder Firmenwert abzugrenzen. Er entsteht, wenn der Erwerber eines Unternehmens dem Veräußerer mehr als den Marktwert der aktivierten Wirtschaftsgüter bezahlt. Der derivative Geschäfts- oder Firmenwert ist gemäß § 5 Abs. 2 EStG vom Erwerber zu aktivieren und gemäß § 7 Abs. 1 Satz 3 EStG linear über die gesetzlich festgelegte fiktive Nutzungsdauer von 15 Jahren monatsgenau abzuschreiben. Der originäre, d.h. selbst geschaffene, Geschäfts- oder Firmenwert darf gemäß § 5 Abs. 2 EStG in der Steuerbilanz nicht aktiviert werden.

Leitsatz 7

Derivativer Geschäfts- oder Firmenwert

Im Steuerbilanzrecht wird der **derivative Geschäfts- oder Firmenwert** als **positives Wirtschaftsgut** klassifiziert, da er zusammen mit dem Betrieb übertragbar ist. Zu beachten ist, dass ein Geschäfts- oder Firmenwert **nur** dann zu bilanzieren ist, wenn es sich um einen **Asset Deal**, also um einen Unternehmenskauf durch Übernahme der Einzelwirtschaftsgüter handelt. Die lineare und zeitanteilige **AfA** erfolgt grob typisierend über 15 Jahre mit **6,66 % pro Jahr**.

Die Prüffolge der steuerrechtlichen Aktivierungskonzeption verdeutlicht nachfolgende Übersicht:

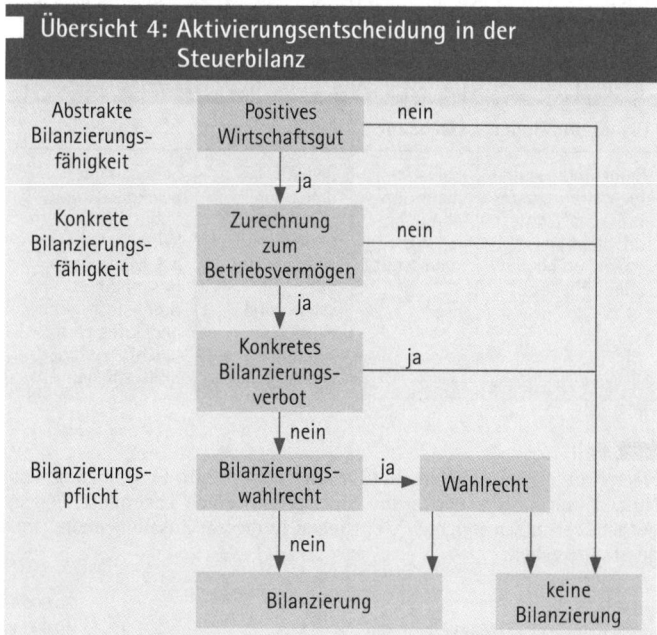

Übersicht 4: Aktivierungsentscheidung in der Steuerbilanz

2 Sachanlagevermögen

2.1 Grund und Boden

Gemäß § 94 BGB werden Grund und Boden einerseits und aufstehende Gebäude andererseits zivilrechtlich als einheitliche Sache i.S.d. § 90 BGB angesehen. Das Gebäude ist gemäß § 94 Abs. 1 Satz 1 BGB wesentlicher Bestandteil des Grundstücks. Dem folgt das Steuerbilanzrecht nicht. Ein im Betriebsvermögen befindliches Grundstück ist ein selbständiges und nicht abnutzbares Wirtschaftsgut, unabhängig davon, ob bebaut oder nicht bebaut. Es ist für Zwecke der Bilanzierung und Bewertung vom abnutzbaren Wirtschaftsgut „Gebäude" abzugrenzen und gesondert zu aktivieren. Grund und Boden, Gebäude, Außenanlagen und Zubehör bilden als jeweils selbständige Wirtschaftsgüter die steuerbilanziellen Grundstücksbestandteile, wie Übersicht 5 noch einmal verdeutlicht:

Übersicht 5: Grundstücksbestandteile

Grund und Boden	Gebäude	Außenanlagen	Zubehör
Selbständiges und nicht abnutzbares Wirtschaftsgut; unabhängig davon, ob bebaut oder unbebaut.	Selbständiges und abnutzbares Wirtschaftsgut.	Selbständige und abnutzbare unbewegliche Wirtschaftsgüter; z.B. Wege- und Hofbefestigungen, Umzäunungen.	Selbständige, bewegliche und abnutzbare Wirtschaftsgüter, z.B. Mülltonnen, Rasenmäher, Brennstoffe, Treppenläufer, Flurbeleuchtungsköper, Klimaanlage.

Fall 12

X erwirbt mit notariellem Kaufvertrag zum 1.2.01 (= Übergang von Nutzen und Lasten, Besitz und Eigengefahr) einen Lagerplatz, den er betrieblich nutzen möchte. X entstehen in diesem Zusammenhang folgende Ausgaben:

- Barpreis 80.000 €
- Übernahme einer Hypothekenschuld 40.000 €

- Grunderwerbsteuer 3.642 €
- Säumniszuschlag für zu spät entrichtete Grunderwerbsteuer 150 €
- Grundbuchkosten 150 €
- Notariatsgebühren 250 €
- Maklerkosten (hälftig) 3.000 €
- Kosten für die Prüfung der Bodenbeschaffenheit 2.500 €
- Übernahme der vom Verkäufer noch geschuldeten Grundsteuer 900 €
- Hypothekenzinsen für die übernommene Hypothekenschuld für die Zeit vom 01.01. – 31.12.01 6.000 €
- Kreditkosten infolge einer notwendig gewordenen Darlehensaufnahme 1.200 €
- Zinszahlung für die Darlehensaufnahme vom 01.02. – 31.12.01 2.600 €

Wie hoch sind die Anschaffungskosten des Grundstücks?

Zu den Anschaffungskosten des Grundstücks gehören gemäß § 5 Abs. 1 Satz 1 Halbsatz 1 EStG i.V.m. § 255 Abs. 1 HGB sowohl der Kaufpreis als auch die Schuldübernahmen; H 6.2 EStH (Stichwort: Anschaffungskosten). Nebenkosten gehören ebenfalls zu den Anschaffungskosten, soweit sie diesem Grundstück einzeln zugeordnet werden können. Finanzierungskosten gehören nicht zu den Anschaffungskosten des Grundstücks. Davon zu unterscheiden ist der Kostenersatz für bisher vom Verkäufer selbst getragene Finanzierungskosten. Diese stellen für X Anschaffungskosten des erworbenen Grundstücks dar (= $1/12$ der 6000 € Zinsen = 500 €). Die Anschaffungskosten des Grundstücks betragen somit 131.092 €.

Leitsatz 8

Grund und Boden

Grund und Boden ist ein **selbständiges** und **nicht abnutzbares** Wirtschaftsgut, unabhängig davon, ob bebaut oder nicht bebaut. Ein **bebautes Grundstück** ist in die Wirtschaftsgüter „Grund und Boden" und „Gebäude" nach objektiven Umständen **aufzuteilen**.

2.2 Gebäude

Gemäß R 7.1 Abs. 5 Satz 1 EStR sind für den Begriff des Gebäudes die Abgrenzungsmerkmale des Bewertungsrechts maßgebend. „Ein Gebäude ist ein Bauwerk auf eigenem oder fremdem Grund und Boden, das Menschen oder Sachen durch räumliche Umschließung Schutz gegen äußere Einflüsse gewährt, den Aufenthalt von Menschen gestattet, fest mit dem Grund und Boden verbunden, von einiger Beständigkeit und standfest ist"; R 7.1 Abs. 5 Satz 2 EStR.

Die Anschaffungskosten eines Gebäudes bestehen aus dem vertraglichen Entgelt sowie etwaiger Anschaffungsnebenkosten, Bereitstellungsausgaben und nachträglicher Anschaffungskosten. Beim Erwerb eines bebauten Grundstücks ist der Kaufpreis nach objektiven Umständen, in Zweifelsfällen im Verhältnis der Teilwerte, auf Grund und Boden einerseits und Gebäude andererseits aufzuteilen; H 7.3 EStH (Stichwort: Kaufpreisaufteilung).

Zu den Herstellungskosten eines Gebäudes gehören nur solche Ausgaben, die unmittelbar dazu bestimmt und geeignet sind, das Gebäude für den ihm zugedachten Zweck nutzbar zu machen. Dies sind die eigentlichen Bauaufwendungen wie das Baumaterial oder die Bauleistungen der Bauhandwerker, die Baunebenkosten wie beispielsweise die Aufwendungen für die Bauplanung, Architektenhonorare oder Honorare für Statiker sowie Aufwendungen, die die Errichtung des Gebäudes ermöglichen, wie Entschädigungs- oder Abfindungszahlungen an Mieter zur vorzeitigen Auflösung bestehender Mietverträge; H 6.4 EStH (Stichwort: Entschädigungs- oder Abfindungszahlungen).

Bei der Prüfung, ob es sich um ein Gebäude handelt, sind die Abgrenzungsmerkmale streng zu prüfen. So muss ein Bauwerk nicht zwingend über die Erdoberfläche hinausragen; eine Tiefgarage erfüllt die Definitionsmerkmale auch. Sind die Definitionsmerkmale nicht erfüllt, handelt es sich zwar um ein Bauwerk, aber nicht um ein Gebäude. So gelten beispielsweise ein freistehendes Schutzdach bei S-Bahnhöfen oder ein sogenannter Baustellencontainer nicht als Gebäude; H 7.1 EStH. Dagegen gelten Bürocontainer, die auf festen Fundamenten ruhen sowie Tankstellenüberdachungen mit einer Fläche von mehr als 400 m² als Gebäude; H 7.1 EStH (Stichwort: Gebäude).

> Die **steuerrechtliche Abschreibung** von Gebäuden richtet sich nach den Gebäudeabschreibungsgrundsätzen des § 7 Abs. 4 EStG und § 7 Abs. 5 EStG. Jegliche Art von Gebäude, gleichgültig welchen Zwecken es dient, und ob es sich im Betriebsvermögen oder im Privatvermögen befindet, wird entweder **linear nach festen Vomhundertsätzen** (§ 7 Abs. 4 Satz 1 EStG), **linear nach der kürzeren tatsächlichen Nutzungsdauer** (§ 7 Abs. 4 Satz 2 EStG) oder **degressiv in Form fallender Staffelsätze** (§ 7 Abs. 5 EStG) abgeschrieben. Auch selbständige unbewegliche Gebäudeteile sind gemäß § 7 Abs. 5a EStG von dieser Regelung betroffen. Der Gesetzgeber unterscheidet zwischen Wirtschaftsgebäuden und allen übrigen Gebäuden.

Leitsatz 9

Gebäude

Ein Gebäude ist **zivilrechtlich** ein **wesentlicher Bestandteil** des Grund und Bodens, da es mit diesem fest verbunden ist. In der **Steuerbilanz** stellt dagegen ein Gebäude ein **selbständiges** und **abnutzbares** Wirtschaftsgut dar. Die Gebäude-AfA erfolgt entweder linear nach festen Vomhundertsätzen, linear nach der tatsächlichen Nutzungsdauer oder degressiv in Form fallender Staffelsätze.

2.2.1 Unselbständige und selbständige Gebäudeteile

Bei einem Gebäude ist zu prüfen, ob bestimmte Wirtschaftsgüter unselbständige Gebäudeteile oder selbständige Gebäudeteile darstellen. Unselbständige Gebäudeteile sind beispielsweise Bäder und Duschen eines Hotels, Fahrstuhl-, Belüftungs- und Entlüftungsanlagen, Heizungsanlagen, Rolltreppen eines Kaufhauses, Sprinkleranlagen einer Fabrik oder eines Warenhauses; H 4.2 Abs. 5 EStH (Stichwort: Unselbständige Gebäudeteile). Gebäudeteile, die nicht in einem einheitlichen Nutzungs- und Funktionszusammenhang mit dem Gebäude stehen, sind als selbständige Wirtschaftsgüter gesondert vom Gebäude zu aktivieren, zu bewerten und abzuschreiben; R 4.2 Abs. 3 Satz 1 EStR. Ein Gebäudeteil ist selbständig, wenn er besonderen Zwecken dient, mithin in einem von der eigentlichen Gebäudenutzung verschiedenen Nutzungs- und Funktionszusammenhang steht; R 4.2 Abs. 3 Satz 2 EStR. Selbständige Gebäudeteile sind Betriebsvorrichtungen, Scheinbestandteile, Ladeneinbauten, sonstige Mietereinbauten sowie sonstige selbständige Gebäudeteile; vgl. R 4.2 Abs. 3 Satz 3 Nr. 1 bis Nr. 5 EStR.

> Wird ein Gebäude teils **eigenbetrieblich**, teils **fremdbetrieblich**, teils **zu eigenen** und teils **zu fremden** Wohnzwecken genutzt, ist jeder der vier unterschiedlich genutzten Gebäudeteile ein besonderes Wirtschaftsgut, weil das Gebäude in verschiedenen Nutzungs- und Funktionszusammenhängen steht; R 4.2 Abs. 4 Satz 1 EStR.

Betriebsvorrichtungen sind selbständige Wirtschaftsgüter, weil sie nicht in einem einheitlichen Nutzungs- und Funktionszusammenhang mit dem Gebäude stehen; R 7.1 Abs. 3 Satz 1 EStR. Sie gehören auch dann zu den beweglichen Wirtschaftsgütern, wenn sie wesentliche Bestandteile eines Grundstücks sind; R 7.1 Abs. 3 Satz 2 EStR. Betriebsvorrichtungen dienen nicht der Nutzung des Gebäudes, sondern stehen in einer besonderen und unmittelbaren Beziehung zu dem auf dem Grundstück oder in dem Gebäude ausgeübten Gewerbebetrieb. Betriebsvorrichtungen sind stets nach § 7 Abs. 1 EStG abzuschreiben; R 7.1 Abs. 1 Nr. 1 EStR. Betriebsvorrichtungen sind somit Maschinen und sonstige Vorrichtungen aller Art, durch die das Gewerbe unmittelbar betrieben wird. Beispielhaft seien Lastenaufzüge, Förderbänder, Tresoranlagen und Pizzaöfen genannt (vgl. den Ländererlass vom 05.06.2013 zur Abgrenzung des Grundvermögens von den Betriebsvorrichtungen, BStBl. I 2013, S. 734, Anlage 1).

Scheinbestandteile entstehen, wenn bewegliche und abnutzbare Wirtschaftsgüter zu einem vorübergehenden Zweck in ein Gebäude eingefügt werden; R 7.1 Abs. 4 Satz 1 EStR. Einbauten zu einem vorübergehenden Zweck sind auch die vom Steuerpflichtigen für seine eigenen Zwecke vorübergehend eingefügten Anlagen, die vom Vermieter oder Verpächter zur Erfüllung besonderer Bedürfnisse des Mieters oder Pächters eingefügten Anlagen, deren Nutzungsdauer nicht länger als die Laufzeit des Vertragsverhältnisses ist oder die Einbauten des Mieters oder Pächters, die bei Vertragsende wieder zu entfernen sind; R 7.1 Abs. 4 Satz 2 EStR; vgl. auch H 7.1 EStH (Stichwort: Scheinbestandteile). Scheinbestandteile sind stets nach § 7 Abs. 1 EStG abzuschreiben; R 7.1 Abs. 1 Nr. 1 und 3 EStR.

Bei Ladeneinbauten handelt es sich um selbständige Gebäudeteile, die unbewegliche Wirtschaftsgüter sind. Über § 7 Abs. 5a EStG werden diese selbständigen Gebäudeteile nach den normalen Gebäudeabschreibungsgrundsätzen gemäß § 7 Abs. 4 oder Abs. 5 EStG abgeschrieben; R 7.1 Abs. 1 Nr. 4 i.V.m. Abs. 6 EStR.

Auch die sonstigen selbständigen Gebäudeteile sind unbewegliche Wirtschaftsgüter. Sie entstehen dann, wenn ein Gebäude teils eigenbetrieblich, teils fremdbetrieblich, teils zu eigenen und teils zu fremden Wohnzwecken genutzt wird; R 4.2 Abs. 4 Satz 1 EStR. Ein Gebäude kann somit maximal aus vier verschiedenen selbständigen Gebäudeteilen bestehen. Die jeweiligen Gebäudeteile stehen in einem unterschiedlichen Nutzungs- und Funktionszusammenhang. Sie müssen folglich auch getrennt bilanziert, bewertet und abgeschrieben werden. Die Abschreibung richtet sich für jedes selbständige Gebäudeteil nach den normalen Gebäudeabschreibungsgrundsätzen gemäß § 7 Abs. 5a EStG i.V.m. § 7 Abs. 4 oder 5 EStG.

Die nachfolgende Übersicht 6 grenzt noch einmal die unselbständigen Gebäudeteile von den selbständigen Gebäudeteilen ab:

Die Abbildung der laufenden Geschäftsvorfälle

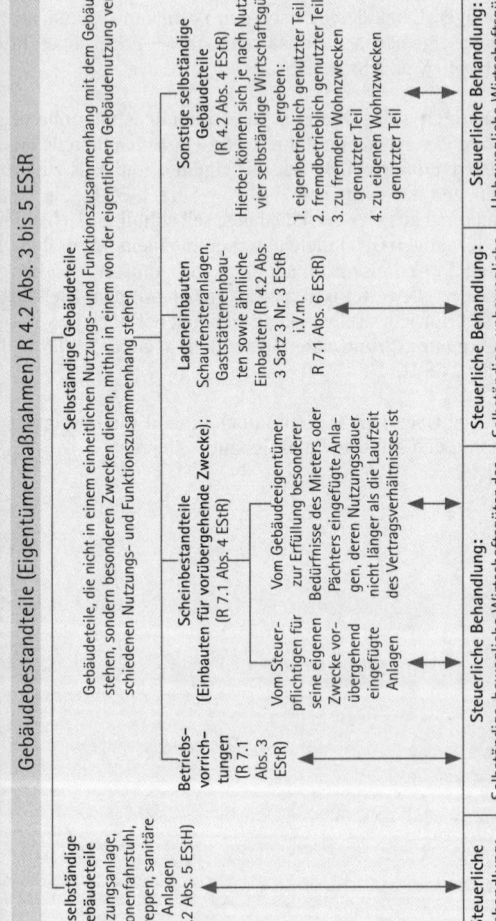

Übersicht 6: Gebäudebestandteile (Eigentümermaßnahmen)

Fall 13

X stellt zum 01.07.01 sein zum Betriebsvermögen gehörendes Fabrikgebäude mit eigenem Personal fertig. Der Bauantrag erfolgte nach dem 31.03.1985. In den Gebäudeherstellungskosten i.H.v. 3.000.000 € sind auch die Anschaffungskosten folgender Wirtschaftsgüter enthalten:

- Rolltreppe für Fabrikbesucher — 50.000 €
- Sprinkler- (Feuerlösch-)Anlage — 60.000 €
- Lastenaufzug — 120.000 €
- Schaufensteranlage für Produktpräsentationen — 60.000 €
- Heizungsanlage — 150.000 €

Wie lauten die Steuerbilanzansätze zum 31.12.01 für das Fabrikgebäude und die selbständigen Gebäudeteile? Die Nutzungsdauer der selbständigen Gebäudeteile wird einheitlich mit zehn Jahren festgesetzt.

	Gesamtherstellungskosten	3.000.000 €
./.	Lastenaufzug	120.000 €
./.	Schaufensteranlage	60.000 €
=	Herstellungskosten Fabrikgebäude	2.820.000 €
./.	AfA gemäß § 7 Abs. 4 Satz 1 Nr. 1 EStG (3 % × 6/12)	42.300 €
=	Steuerbilanzansatz zum 31.12.02	2.777.700 €

	Anschaffungskosten Lastenaufzug	120.000 €
./.	AfA gemäß § 7 Abs. 1 Sätze 1, 2 und 4 EStG	6.000 €
=	Steuerbilanzansatz zum 31.12.02	114.000 €

	Anschaffungskosten Schaufensteranlage	60.000 €
./.	AfA gemäß § 7 Abs. 5a EStG i.V.m. § 7 Abs. 4 Satz 2 EStG	3.000 €
=	Steuerbilanzansatz zum 31.12.02	57.000 €

Fall 14

X erwirbt am 02.01.01 (= Übergang von Nutzen und Lasten, Besitz und Eigengefahr) ein bebautes Grundstück. Die Anschaffungskosten betragen 2.000.000 € und teilen sich nach dem Verhältnis der Teilwerte auf den Grund und Boden mit 600.000 € und das Gebäude mit 1.400.000 € auf.

Das Gebäude hat vier gleich große Etagen mit jeweils 150 m² und wird wie folgt genutzt:

- Das Erdgeschoss und die erste Etage nutzt X für seinen Gewerbebetrieb als Büro- und Verkaufsraum;

- die zweite Etage vermietet X an den Geschäftsfreund Y zu Wohnzwecken;

- die dritte Etage nutzt X zu eigenen Wohnzwecken.

X überlegt, wie die Anschaffungskosten auf Betriebs- und Privatvermögen aufzuteilen sind.

Übersicht 7 verdeutlicht, dass ein gemischt genutztes Gebäude in vier Wirtschaftsgüter aufgeteilt werden kann (vgl. R 4.2 Abs. 4 Satz 1 EStR):

Übersicht 7: Gemischt genutztes Gebäude

Eigenbetrieblich genutzter Gebäudeteil	Fremdbetrieblich genutzter Gebäudeteil	Zu eigenen Wohnzwecken genutzter Gebäudeteil	Zu fremden Wohnzwecken genutzter Gebäudeteil

„Die Anschaffungs- oder Herstellungskosten des gesamten Gebäudes sind auf die einzelnen Gebäudeteile aufzuteilen. Für die Aufteilung ist das Verhältnis der Nutzfläche eines Gebäudeteils zur Nutzfläche des ganzen Gebäudes maßgebend, (...)"; R 4.2 Abs. 6 Sätze 1 und 2 EStR. Der eigenbetrieblich genutzte Gebäudeteil, hier das Erdgeschoss und die erste Etage, stellt notwendiges Betriebsvermögen des X dar; R 4.2 Abs. 7 Satz 1 EStR. Der Grund und Boden gehört im gleichen Verhältnis zum notwendigen Betriebsvermögen (R 4.2 Abs. 7 Satz 2 EStR):

Grund und Boden (50 %)	300.000 €
Gebäude (50 %)	700.000 €

Die an Y zu fremden Wohnzwecken vermietete zweite Etage kann X gemäß R 4.2 Abs. 9 Sätze 1 und 6 EStR als gewillkürtes Betriebsvermögen ansetzen, da Y ein Geschäftsfreund des X ist, ihm die 2. Etage entgeltlich zur Nutzung überlassen wird und somit ein objektiver Zusammenhang zum Betrieb des X besteht:

Grund und Boden (25 %) 150.000 €
Gebäude (25 %) 350.000 €

Die zu eigenen Wohnzwecken genutzte dritte Etage stellt mit Anschaffungskosten i.H.v. 500.000 € (= 25 % vom Grund und Boden und Gebäude) zwingend notwendiges Privatvermögen dar.

2.2.2 Abbruch eines Gebäudes oder Gebäudeteils

Wird vom Steuerpflichtigen ein Gebäude oder ein Gebäudeteil abgerissen, so sind für die steuerrechtliche Behandlung gemäß H 6.4 EStH (Stichwort: Abbruchkosten) folgende vier Fälle zu unterscheiden:

1. Der Steuerpflichtige hatte das Gebäude auf einem ihm bereits gehörenden Grundstück errichtet (schlichter Gebäudeabbruch),

2. der Steuerpflichtige hat das Gebäude in der Absicht erworben, es als Gebäude zu nutzen (Erwerb ohne Abbruchabsicht),

3. der Steuerpflichtige hat das Gebäude zum Zweck des Abbruchs erworben (Erwerb mit Abbruchabsicht),

4. der Steuerpflichtige plant den Abbruch eines zum Privatvermögen gehörenden Gebäudes und die Errichtung eines zum Betriebsvermögen gehörenden Gebäudes (Einlage mit Abbruchabsicht).

In den Fällen der Nummern 1 und 2 sind im Jahr des Abbruchs die Abbruchkosten und der Restbuchwert des abgebrochenen Gebäudes sofort abziehbare Betriebsausgaben. Beim Gebäude geschieht dies über die Absetzung für außergewöhnliche technische oder wirtschaftliche Abnutzung AfaA gemäß § 7 Abs. 4 Satz 3 i.V.m. Abs. 1 Satz 7 EStG. Dies gilt auch bei einem in Teilabbruchabsicht erworbenen Gebäude für die Teile, deren Abbruch nicht geplant war. Die darauf entfallenden Abbruchkosten und der anteilige Restbuchwert sind ggf. im Wege der Schätzung zu ermitteln.

Im Fall der Nummer 3 (= Erwerb mit Abbruchabsicht) hat der Steuerpflichtige zunächst Grund und Boden sowie Gebäude mit den Anschaffungskosten zu bilanzieren. Sodann ist zu unterscheiden, ob das

Gebäude technisch oder wirtschaftlich im Zeitpunkt des Erwerbs bereits verbraucht war oder nicht:

a) War das Gebäude technisch oder wirtschaftlich nicht verbraucht, so gehören sein Buchwert und die Abbruchkosten, wenn der Abbruch des Gebäudes mit der Herstellung eines neuen Wirtschaftsgutes in einem engen wirtschaftlichen Zusammenhang steht, zu den Herstellungskosten dieses Wirtschaftsgutes. Auf ein in Abbruchabsicht erworbenes Gebäude ist bis zum Abbruch AfA nach § 7 Abs. 4 EStG vorzunehmen. Wurde dieses Gebäude aber abgerissen, um das Grundstück als Park- oder Lagerplatz oder als Zufahrtstraße zu nutzen, dann sind der Gebäudebuchwert und die Abbruchkosten Anschaffungskosten des Grund und Bodens.

b) War das Gebäude im Zeitpunkt des Erwerbs objektiv wertlos, so entfällt der volle Anschaffungspreis auf den Grund und Boden. Für die Abbruchkosten gilt das unter a) Gesagte entsprechend.

Bei Abbruch innerhalb von drei Jahren nach dem Erwerb ist davon auszugehen, dass der Erwerber das Gebäude mit Abbruchabsicht erworben hat. Dieser Anscheinsbeweis kann durch den Erwerber, beispielsweise unter Hinweis auf einen ungewöhnlichen Geschehensablauf, entkräftet werden; H 6.4 EStH.

Im Fall der Einlage mit Abbruchabsicht (= Nummer 4) gehören der Wert des abgebrochenen Gebäudes und die Abbruchkosten zu den Herstellungskosten des neu zu errichtenden Gebäudes. Der Einlagewert des Gebäudes ist nicht schon deshalb mit 0 Euro anzusetzen, weil sein Abbruch beabsichtigt ist; H 6.4 EStH.

▮▮▮ Fall 15

X erwirbt mit notariellem Kaufvertrag vom 30.04.01 ein benachbartes Grundstück. Der Übergang von Nutzen und Lasten, Besitz und Eigengefahr erfolgte zum 01.06.01. Der Kaufpreis für das Grundstück betrug 280.000 € zuzüglich 50.000 € für ein auf dem Grundstück befindliches stark baufälliges Gebäude. Dieses Gebäude ließ X unmittelbar nach dem Erwerb abreißen, um später auf dem benachbarten Grundstück eine große Lagerhalle errichten zu können. An Abbruchkosten entstanden 20.000 € (netto).

Wie sind die Abbruchkosten und der Wert des abgebrochenen Gebäudes bilanzsteuerrechtlich zu behandeln?

X erwirbt das benachbarte Grundstück mit der Absicht, das objektiv wertlose Gebäude abzureißen; H 6.4 (Stichwort: Abbruchkosten). In diesem Fall entfallen die Anschaffungskosten des Gebäudes i.H.v. 50.000 € auf den Grund und Boden. Die Anschaffungskosten des Grund und Bodens betragen somit: 330.000 €.

	Kaufpreis Grund und Boden	280.000 €
+	Kaufpreis objektiv wertloses Gebäude	50.000 €
=	Anschaffungskosten Grund und Boden	330.000 €

Die Abbruchkosten i.H.v. 20.000 € (netto) sind Herstellungskosten des geplanten Neubaus „Lagerhalle". Der dazugehörige Buchungssatz lautet:

Lagerhalle (im Bau)	20.000 €		
Vorsteuer	3.800 €	an Finanzkonto	23.800 €

Fall 16

X erwirbt mit notariellem Kaufvertrag zum 01.01.01 ein benachbartes, unbewohntes, bebautes Grundstück. Die Anschaffungskosten i.H.v. 2.000.000 € entfallen zu 75% auf den Grund und Boden und zu 25% auf das sich in sehr gutem Zustand befindliche 25 Jahre alte Gebäude. Schon am 02.01.01 lässt X das Gebäude für 50.000 € (netto) abreißen, um das Grundstück schon sehr bald als Kundenparkplatz nutzen zu können. Bilanzsteuerrechtliche Lösung?

X erwarb das benachbarte, unbewohnte, bebaute Grundstück mit Abbruchabsicht. Da X das Gebäude sofort abreißen ließ, ist die planmäßige Gebäude-AfA nicht mehr zu buchen. Das Gebäude war technisch und wirtschaftlich nicht verbraucht. Somit gehören gemäß H 6.4 EStH (Stichwort: Abbruchkosten) der Gebäudebuchwert und die Abbruchkosten zu den Anschaffungskosten des Grund und Bodens:

	Grund und Boden	1.500.000 €
+	Buchwert des abgebrochenen Gebäudes	500.000 €
+	Abbruchkosten (netto)	50.000 €
=	Anschaffungskosten Kundenparkplatz	2.050.000 €

Fall 17

Wie Fall 16 aber mit dem Unterschied, dass X auf dem benachbarten Grundstück ein Verwaltungsgebäude errichtet (Fertigstellung: 07.12.01). Die Herstellungskosten des Neubaus betragen 500.000 €. Der Bauantrag wurde nach dem 31.03.1985 gestellt. Wie sieht jetzt die bilanzsteuerrechtliche Lösung aus?

X erwarb das Grundstück wieder mit Abbruchabsicht, aber mit der Zielsetzung, ein neues Verwaltungsgebäude zu errichten. Gemäß H 6.4 EStH (Stichwort: Abbruchkosten) gehören in diesem Fall der Gebäudebuchwert und die Abbruchkosten zu den Herstellungskosten des Wirtschaftsgutes „Verwaltungsgebäude":

	Baukosten Verwaltungsgebäude	500.000 €
+	Buchwert des abgebrochenen Gebäudes	500.000 €
+	Abbruchkosten (netto)	50.000 €
=	Herstellungskosten Verwaltungsgebäude gemäß § 6 Abs. 1 Nr. 1 Satz 1 EStG	1.050.000 €
./.	AfA (3 % für 1 Monat); § 7 Abs. 4 Satz 1 Nr. 1 EStG	2.625 €
=	Bilanzansatz zum 31.12.01	1.047.375 €

Der erworbene Grund und Boden ist in der Steuerbilanz des X zum 31.12.01 mit 1.500.000 € zu bilanzieren.

2.2.3 Anschaffungsnaher Aufwand

Durch das Steueränderungsgesetz 2003 ist § 6 Abs. 1 Nr. 1a EStG für Baumaßnahmen an Gebäuden, die nach dem 31.12.2003 begonnen haben, eingefügt worden. Demnach gehören zu den anschaffungsnahen Herstellungskosten eines Gebäudes auch Ausgaben für Instandsetzungs- und Modernisierungsmaßnahmen, die innerhalb von drei Jahren nach der Anschaffung des Gebäudes durchgeführt werden und wenn die Aufwendungen ohne die Umsatzsteuer 15 % der Anschaffungskosten des Gebäudes übersteigen. Zu diesen Ausgaben gehören nicht die Aufwendungen für Erweiterungen im Sinne des § 255 Abs. 2 Satz 1 HGB (Aufstockung, Anbau eines Balkons oder einer Terrasse, Vermehrung der vorhandenen Substanz durch etwas Neues, bisher nicht Vorhandenes) oder die Aufwendungen für Erhaltungsarbeiten (Pflege und Wartung), die jährlich üblicherweise anfallen; § 6 Abs. 1 Nr. 1a Satz 2 EStG.

Betroffen von § 6 Abs. 1 Nr. 1a EStG sind Instandsetzungs- und Modernisierungsmaßnahmen an schon betriebsbereiten Gebäuden. Ein Gebäude ist dann betriebsbereit, wenn es entsprechend seiner Zweckbestimmung genutzt werden kann. Es bleibt damit auch bei der Regelung, dass Instandsetzungs- und Modernisierungsmaßnahmen an Gebäuden, die der Schaffung der Betriebsbereitschaft des Gebäudes dienen, Anschaffungskosten sind, auch wenn die Aufwendungen 15 % der Anschaffungskosten des Gebäudes nicht übersteigen.

Leitsatz 10

Anschaffungsnaher Aufwand

Anschaffungsnahe Herstellungskosten eines Gebäudes sind **Aufwendungen für Instandsetzung** und **Modernisierung**, die **innerhalb von drei Jahren** nach der Anschaffung des Gebäudes durchgeführt werden und wenn die Aufwendungen ohne die Umsatzsteuer **15 %** der **Anschaffungskosten** des Gebäudes **übersteigen**. § 6 Abs. 1 Nr. 1a EStG gilt nur für Baumaßnahmen an schon betriebsbereiten Gebäuden, die nach dem 31.12.2003 begonnen werden.

Übersicht 8 soll den Regelungsinhalt des § 6 Abs. 1 Nr. 1a EStG noch einmal verdeutlichen:

44 Die Abbildung der laufenden Geschäftsvorfälle

Übersicht 8: Anschaffungsnaher Aufwand

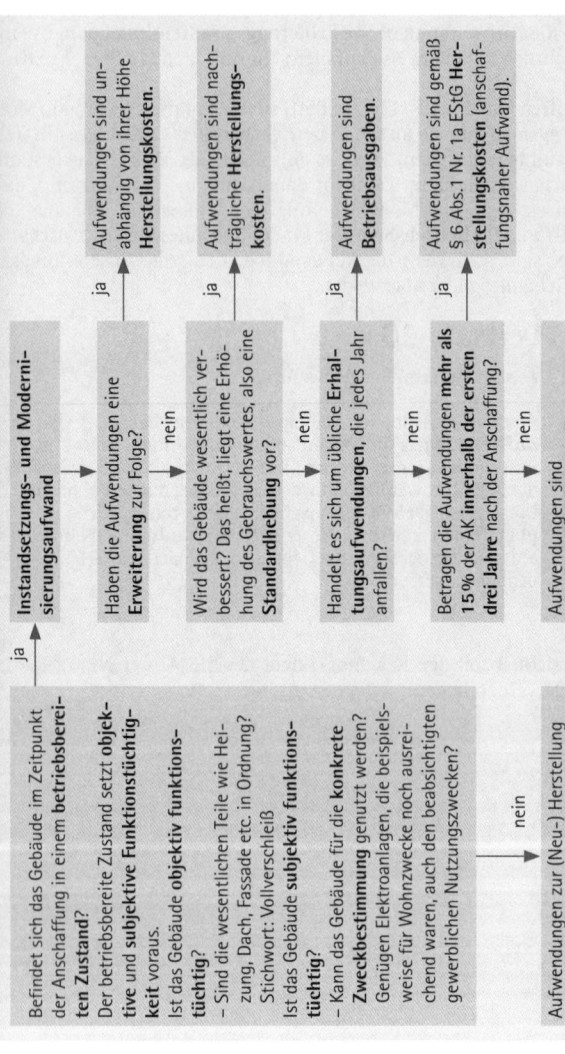

Fall 18

X erwirbt mit notariellem Kaufvertrag im Mai 01 ein betriebsbereites bebautes Grundstück für 400.000 €. Die Anschaffungskosten entfallen zu 50% auf den Grund und Boden und zu 50% auf das Gebäude.

In den Jahren 01 bis 03 führt X an dem Gebäude umfangreiche Instandsetzungs- und Modernisierungsmaßnahmen durch. Für insgesamt 40.000 € (netto) werden Fliesen erneuert, Stromleitungen verstärkt, Rollläden repariert und Tapezierarbeiten durchgeführt. Da es sich bei dem bebauten Grundstück um Betriebsvermögen handelt, fragt sich X, wie die 40.000 € buchhalterisch zu behandeln sind.

X renoviert ein betriebsbereites Gebäude innerhalb der Dreijahresfrist. Die 15%-Grenze des § 6 Abs. 1 Nr. 1a EStG (= 30.000 €) ist überschritten. Die 40.000 € sind als anschaffungsnahe Herstellungskosten des Gebäudes zu aktivieren.

2.2.4 Mietereinbauten und Mieterumbauten

Mietereinbauten und Mieterumbauten sind Baumaßnahmen, die der Mieter eines Gebäudes oder Gebäudeteils im eigenen Namen und auf seine Rechnung (= Eigenaufwand) an dem gemieteten Gebäude oder Gebäudeteil vornehmen lässt. Eine Aktivierung der Baumaßnahmen in der Steuerbilanz des Mieters setzt voraus, dass die getätigten Baumaßnahmen Herstellungskosten und keine Erhaltungsaufwendungen sind.

Aufwendungen des Mieters für die Erneuerung von bereits vorhandenen Teilen, Einrichtungen oder Anlagen sind regelmäßig Erhaltungsaufwand; R 21.1 Abs. 1 Satz 1 EStR. Dies sind Baumaßnahmen des Mieters, die die Wesensart des Wirtschaftsgutes nicht ändern, das Wirtschaftsgut lediglich in ordnungsgemäßen Zustand erhalten sollen und regelmäßig in ungefähr gleicher Höhe wiederkehren. Erhaltungsaufwendungen stellen sofort abzugsfähige Betriebsausgaben dar. Betragen die Ausgaben für die einzelne Baumaßnahme nicht mehr als 4.000 € (netto) so sind auf Antrag diese Ausgaben stets als Erhaltungsaufwand zu behandeln; R 21.1 Abs. 2 Satz 2 EStR. Werden vom Mieter getragene Erhaltungsaufwendungen mit der künftigen Miete verrechnet, hat der Mieter einen aktiven Rechnungsabgrenzungsposten (§ 5 Abs. 5 Nr. 1 EStG) zu bilden.

Gemäß Schreiben des BMF v. 15.01.1976 (IV B 2 – S 2133 – 1/76, BStBl. I 1976, S. 66) können Mietereinbauten und Mieterumbauten sein:

- Scheinbestandteile

- Betriebsvorrichtungen

- Sonstige Mietereinbauten und- umbauten

Ein Scheinbestandteil des Mieters entsteht, wenn durch die Baumaßnahme eine Sache nur zu einem vorübergehenden Zweck in das Gebäude eingefügt wird (§ 95 BGB). Der Mieter ist rechtlicher und wirtschaftlicher Eigentümer des Scheinbestandteils und hat diesen als bewegliches Wirtschaftsgut zu aktivieren; R 7.1 Abs. 4 Satz 1 EStR. Eine Sache ist zu einem vorübergehenden Zweck in ein Gebäude eingefügt, wenn die Nutzungsdauer der eingefügten Sache länger als die voraussichtliche Mietdauer ist, die eingefügte Sache auch nach ihrem Ausbau nicht nur einen Schrottwert, sondern noch einen beachtlichen Wiederverwendungswert repräsentiert und nach den gesamten Umständen mit dem Ausbau der Sache gerechnet werden kann; H 7.1 EStH (Stichwort: Scheinbestandteile).

Betriebsvorrichtungen sind gemäß § 176 Abs. 2 Nr. 2 BewG Maschinen und sonstige Vorrichtungen aller Art, die den besonderen Zwecken des Betriebes des Mieters dienen. Sie sind vom Mieter als selbständige, bewegliche Wirtschaftsgüter des Anlagevermögens zu aktivieren; R 7.1 Abs. 3 EStR.

Durch Baumaßnahmen des Mieters geschaffene Wirtschaftsgüter, die weder Betriebsvorrichtungen noch Scheinbestandteile sind, werden als sonstige Mietereinbauten oder Mieterumbauten bezeichnet. Dies sind Ausgaben für die Herstellung eines materiellen Wirtschaftsgutes des Anlagevermögens, wenn entweder der Mieter wirtschaftlicher Eigentümer der von ihm geschaffenen sonstigen Mietereinbauten oder Mieterumbauten ist oder die Mietereinbauten oder Mieterumbauten unmittelbar den besonderen betrieblichen oder beruflichen Zwecken des Mieters dienen und mit dem Gebäude nicht in einem einheitlichen Nutzungs- und Funktionszusammenhang stehen. Der Mieter ist wirtschaftlicher Eigentümer eines sonstigen Mietereinbaus oder Mieterumbaus, wenn die eingebauten Sachen während der voraussichtlichen Mietdauer technisch oder wirtschaftlich verbraucht werden oder der Mieter bei Beendigung des Mietvertrages vom Eigentümer mindestens die Erstattung des noch verbliebenen gemeinen Werts des Einbaus oder Umbaus verlangen kann.

Entsteht durch die Maßnahme des Mieters weder ein Scheinbestandteil noch eine Betriebsvorrichtung noch ein dem Mieter als wirtschaftlichem Eigentümer zuzurechnendes Wirtschaftsgut, so sind die durch solche Ausgaben entstehenden Einbauten oder Umbauten dem Mieter als materielle Wirtschaftsgüter des Anlagevermögens zuzurechnen, wenn sie unmittelbar den besonderen betrieblichen oder beruflichen Zwecken des Mieters dienen und mit dem Gebäude nicht in einem einheitlichen Nutzungs- und Funktionszusammenhang stehen. Die dem Mieter zuzurechnenden unbeweglichen Wirtschaftsgüter sind nach den Gebäudeabschreibungsgrundsätzen abzuschreiben; H 7.4 EStH (Stichwort: Mietereinbauten).

Steht der durch den Mieter vorgenommene Herstellungsaufwand in keiner unmittelbaren sachlichen Beziehung zu seinem Betrieb, so hat sich der Mieter lediglich einen allgemeinen Nutzungsvorteil geschaffen, der eine verbesserte Gebäudenutzung mit sich bringt. In diesen Fällen entsteht ein immaterielles Wirtschaftsgut, dessen Aktivierung mangels entgeltlichen Erwerbs nicht erfolgen darf; § 5 Abs. 2 EStG. Die Ausgaben bilden die Gegenleistung beispielsweise für Materialien und Handwerkerleistungen, aber nicht für ein von dritter Seite erworbenes Wirtschaftsgut. Dies ist beispielsweise dann der Fall, wenn in ein Gebäude, für das von Anfang an der Einbau einer Zentralheizung vorgesehen war, anstelle des Eigentümers der Mieter die Zentralheizung einbaut. Sofern nicht wegen vereinbarter Verrechnung mit der künftigen Miete ein aktiver Rechnungsabgrenzungsposten zu bilden ist, stellen derartige Aufwendungen sofort abzugsfähige Betriebsausgaben beim Mieter dar.

Übersicht 9 verdeutlicht noch einmal die ertragsteuerliche Behandlung der Mietereinbauten und Mieterumbauten nach dem oben genannten BMF-Schreiben v. 15.01.1976:

48 Die Abbildung der laufenden Geschäftsvorfälle

Übersicht 9: Ertragsteuerliche Behandlung der Mietereinbauten und Mieterumbauten nach dem BMF-Schreiben vom 15.01.1976 (BStBl. I 1976, S. 66 f.)

Baumaßnahmen, die der Mieter eines Gebäudes oder Gebäudeteils auf seine Rechnung vornehmen lässt, können betreffen:

1. Instandhaltung

2. (alle) andere(n) Baumaßnahmen; diese können bestehen in der Schaffung von:

- **Scheinbestandteilen** gem. § 95 BGB; Einbau von Sachen zu einem vorübergehenden Zweck.
  - Aufwendungen sind Herstellungskosten für
  - Materielles bewegliches Anlagegut des Mieters
  - AfA: § 7 Abs. 1 EStG

- **Betriebsvorrichtungen:** Einbau von Vorrichtungen aller Art, die den besonderen Zwecken des Betriebes dienen.
  - Aufwendungen sind Herstellungskosten für

- **Sonstige Mietereinbauten und Mieterumbauten**, d.h. alle Einbauten und Umbauten, die nicht als Scheinbestandteile oder Betriebsvorrichtungen zu qualifizieren sind.

Aufwendungen gelten als Herstellungskosten für

Unbewegliches, materielles Anlagegut des Mieters unter der Voraussetzung, dass		Immaterielles Anlagegut
entweder der Mieter wirtschaftlicher Eigentümer der Einbauten oder Umbauten ist; das ist i.d.R. der Fall, wenn a) die eingebauten Sachen während der voraussichtlichen Mietdauer technisch oder wirtschaftlich verbraucht werden oder b) der Mieter bei Beendigung des Mietvertrages vom Eigentümer mindestens die Erstattung des gemeinen Werts der Einbauten oder Umbauten verlangen kann.	oder die Einbauten oder Umbauten unmittelbar den besonderen betrieblichen Zwecken des Mieters dienen und mit dem Gebäude nicht in einem einheitlichen Nutzungs- und Funktionszusammenhang stehen.	wenn die nebenstehenden Voraussetzungen für die Annahme des wirtschaftlichen Eigentums fehlen oder die Einbauten/Umbauten z.B. nicht in einer sachlichen Beziehung zum Betrieb des Mieters stehen; die Aufwendungen dürfen wegen § 5 Abs. 2 EStG nicht aktiviert werden; = Betriebsausgabe
AfA: § 7 Abs. 4 und 5 und 5a EStG		

Aufwendungen sind

→ **Erhaltungsaufwand**

Fall 19

X betreibt ein exklusives Einzelhandelsfachgeschäft für gehobenes Landhausmobiliar in Berlin-Mitte. Sie ermittelt ihren Gewinn nach §§ 4 und 5 EStG. Ihr Wirtschaftsjahr entspricht dem Kalenderjahr. Als Unternehmerin ist sie zum vollen Vorsteuerabzug berechtigt. Im Januar 01 schließt X als Mieterin mit Y als Vermieter einen Mietvertrag über ein zum Privatvermögen des Y gehörendes Grundstück einschließlich des aufstehenden Gebäudes über eine Mietdauer von zehn Jahren ab. X plant, in diesen Räumlichkeiten zum 01.07.01 eine Filiale zu eröffnen. Um die kostbaren Möbelstücke in adäquater Umgebung präsentieren zu können, lässt X mit Zustimmung des Vermieters von Februar 01 an folgende Baumaßnahmen durchführen:

1. Das zuvor als Wohnung dienende Erdgeschoss des Gebäudes wird zu einer Verkaufsfläche für Landhausmobiliar umgestaltet. Dabei entstehen folgende Ausgaben (alle Werte stets zuzüglich Umsatzsteuer):

   - Einbau einer Schaufensterfront   19.000 €
   - Entfernung nicht tragender Zwischenwände   9.000 €
   - Verlegung von Olivenholzparkett   29.000 €
   - Montage neuer Heizkörper   16.000 €
   - Montage von Decken- und Wandverkleidungen   12.000 €
   - Maler- und Elektrikerarbeiten   25.000 €

Die Umbaumaßnahmen werden zum 30.06.01 abgeschlossen. Nach dem Mietvertrag von Januar 01 entsteht für X bei Beendigung des Mietverhältnisses ein Erstattungsanspruch in Höhe des auf den Beendigungszeitpunkt zu ermittelnden gemeinen Werts der genannten Einbauten. Die Wertermittlung soll dann durch einen unabhängigen Sachverständigen erfolgen.

2. Im November 01 muss das zwar optisch sehr ansprechende aber äußerst kratzanfällige Olivenholzparkett durch schwarzes Eichenparkett ersetzt werden. Hierfür entstanden Ausgaben i.H.v. 35.000 € (netto).

3. Um das erste Stockwerk des Gebäudes als Büro nutzen zu können, lässt X zwei Räume durch einen Mauerdurchbruch miteinander verbinden. Hierfür entstanden Ausgaben i.H.v. 5.000 € (netto). Auch

diese Baumaßnahme wird zum 30.06.01 abgeschlossen. Die Nutzungsdauer beträgt zehn Jahre.

4. Den Keller des Gebäudes plant X als Lagerraum zu nutzen. Zur Sicherung dieser Räumlichkeiten lässt X zum 01.07.01 eine Alarmanlage mit einer betriebsgewöhnlichen Nutzungsdauer von 15 Jahren installieren. Hierfür entstanden Ausgaben i.H.v. 15.000 € (netto). Nach Beendigung des Mietverhältnisses beabsichtigt X, diese Alarmanlage wieder auszubauen und anderweitig zu verwenden.

5. Das Gebäude stattet X zum 01.04.01 weiterhin mit einem Lastenaufzug mit einer betriebsgewöhnlichen Nutzungsdauer von zehn Jahren aus, um die exklusiven Landhausmöbel im Gebäude leichter transportieren zu können. Hierfür entstanden Ausgaben i.H.v. 50.000 € (netto).

6. Den Keller des Gebäudes plant X auch als Lagerfläche für einige sehr wertvolle antike Möbelstücke zu nutzen. Zu diesem Zweck wird der Keller zum 01.07.01 mit einer speziellen Befeuchtungs- und Belüftungsanlage mit einer betriebsgewöhnlichen Nutzungsdauer von acht Jahren ausgestattet. Hierfür entstanden Ausgaben i.H.v. 20.000 € (netto).

7. Das zweite Stockwerk des Gebäudes, welches X als Planungsatelier zu nutzen beabsichtigt, verfügt über äußerst kleine Fenster, die sich auch nicht vergrößern und kaum öffnen lassen. Zur Verbesserung dieser Mietsituation lässt X zum 01.07.01 eine weitere Belüftungsanlage mit einer betriebsgewöhnlichen Nutzungsdauer von ebenfalls acht Jahren installieren. Hierfür entstanden Ausgaben i.H.v. 20.000 € (netto).

8. Hinter dem Gebäude lässt X auf eigene Rechnung einen Kundenparkplatz erstellen. Hierfür entstanden Ausgaben i.H.v. 22.000 € (netto). Diese Ausgaben werden in der Weise vom Vermieter angerechnet, dass X die monatlich zu entrichtende Miete i.H.v. 10.000 € ab dem 01.10.01 22 Monate um 1.000 € mindern darf.

Vereinbarungsgemäß führt X sämtliche Arbeiten auf eigene Rechnung durch.

Wie sind die Baumaßnahmen in der Steuerbilanz der X zum 31.12.01 zu bilanzieren? X bevorzugt die lineare Absetzung für Abnutzung gemäß § 7 Abs. 1 Sätze 1, 2 und 4 EStG. Umsatzsteuerbuchungen sollen aus Vereinfachungsgründen nicht vorgenommen werden.

zu 1. Bei der Umgestaltung des Erdgeschosses zu einer Verkaufsfläche für Landhausmobiliar handelt es sich um einen sonstigen Mietereinbau in der speziellen Form eines Ladeneinbaus gemäß R 4.2 Abs. 3 Satz 3 Nr. 3 EStR. Bei Ladeneinbauten dürfen als Herstellungskosten nur Ausgaben für Gebäudeteile berücksichtigt werden, die statisch für das gesamte Gebäude unwesentlich sind, wie beispielsweise die Beseitigung und Neuerrichtung nichttragender Decken und Wände. Der Einbau der Schaufensterfront, die Entfernung nichttragender Zwischenwände, die Verlegung des Olivenholzparketts und die Montage von Decken- und Wandverkleidungen erfüllen die Voraussetzungen des R 4.2 Abs. 3 Satz 3 Nr. 3 EStR. Die eigentlich als Erhaltungsaufwand zu bewertende Montage der neuen Heizkörper sowie die Maler- und Elektrikerarbeiten stellen in diesem Fall ebenfalls Herstellungskosten dar, da diese Baumaßnahmen in einem engen räumlichen, zeitlichen und sachlichen Zusammenhang mit den anderen Bauausführungen stehen. Es liegt somit ein selbständiger Gebäudeteil vor, bei dem es sich gemäß H 4.2 Abs. 3 EStH (Stichwort: Mietereinbauten) um ein selbständiges, materielles, unbewegliches Wirtschaftsgut des Anlagevermögens handelt.

Selbständige, materielle, unbewegliche Wirtschaftsgüter des Anlagevermögens sind gemäß § 7 Abs. 5a i.V.m. Abs. 4 Satz 2 EStG und R 7.1 Abs. 6 EStR nach Gebäudegrundsätzen linear nach Maßgabe der voraussichtlichen Nutzungsdauer (= Mietdauer) abzuschreiben, wobei bei der Bemessung der Nutzungsdauer die schnelle Wandlung des modischen Geschmacks zu berücksichtigen ist. Bei selbständigen Gebäudeteilen im Sinne des R 4.2 Abs. 3 Satz 3 Nr. 3 EStR, also auch bei Ladeneinbauten, geht die Finanzverwaltung daher nur noch von einer betriebsgewöhnlichen Nutzungsdauer von sieben Jahren aus. X hat die Umbaumaßnahmen demgemäß wie folgt zu bilanzieren:

Einbau einer Schaufensterfront	19.000 €
Entfernung nicht tragender Zwischenwände	9.000 €
Verlegung von Olivenholzparkett	29.000 €

	Montage neuer Heizkörper	16.000 €
	Montage von Decken- und Wandverkleidungen	12.000 €
	Maler- und Elektrikerarbeiten	25.000 €
	Herstellungskosten Ladeneinbau	110.000 €
./.	AfA für Juli bis Dezember 01	7.857 €
=	Buchwert am 31.12.01	102.143 €

zu 2. Beim Einbau des schwarzen Eichenparketts handelt es sich um die Erneuerung von bereits vorhandenen Teilen (= Austausch des Olivenholzparketts). Gemäß R 21.1 Abs. 1 Satz 1 EStR liegt Erhaltungsaufwand vor. Die 35.000 € sind als Betriebsausgabe sofort abzugsfähig.

zu 3. Beim Mauerdurchbruch im ersten Stock sind die Voraussetzungen für einen sonstigen Mietereinbau erfüllt. Erst durch den Mauerdurchbruch hat die Mieterin die Möglichkeit, die Räumlichkeiten als Büro zu nutzen, so dass diese Baumaßnahme der X in einem besonderen Nutzungs- und Funktionszusammenhang mit dem Betrieb steht. Im herkömmlichen Sinne wird durch den Mauerdurchbruch kein neues materielles Wirtschaftsgut geschaffen. Dennoch wird dieser sogenannte „verbesserte Nutzenvorteil" von der Rechtsprechung als ein dem Grunde nach materielles Wirtschaftsgut behandelt. Dieses para-materielle, unbewegliche Wirtschaftsgut ist vom Mieter zu aktivieren und nach den für Gebäude geltenden Grundsätzen gemäß § 7 Abs. 5a i.V.m. Abs. 4 Satz 2 EStG abzuschreiben. Die betriebsgewöhnliche Nutzungsdauer des Mauerdurchbruchs beträgt laut Sachverhalt zehn Jahre. Der Bilanzansatz errechnet sich demnach wie folgt:

	Herstellungskosten	5.000 €
./.	AfA für Juli bis Dezember 01	250 €
=	Buchwert am 31.12.01	4.750 €

zu 4. Der Einbau der Alarmanlage erfüllt gemäß H 7.1 EStH (Stichwort: Scheinbestandteile) alle Voraussetzungen für einen Scheinbestandteil. Dieser wird gemäß R 7.1 Abs. 2 Satz 1 EStR als materielles, bewegliches Wirtschaftsgut des Anlagevermögens beim Mieter bilanziert. Er ist monatsgenau über die Mietdauer bzw. über

die kürzere Nutzungsdauer gemäß § 7 Abs. 1 Sätze 1, 2 und 4 EStG abzuschreiben. Laut Sachverhalt bevorzugt X die lineare Abschreibungsmethode. Der Bilanzansatz errechnet sich danach wie folgt:

	Anschaffungskosten zum 01.07.01	15.000 €
./.	AfA für Juli bis Dezember 01	750 €
=	Buchwert am 31.12.01	14.250 €

zu 5. Beim Lastenaufzug liegen die Voraussetzungen für eine **Betriebsvorrichtung** vor. Er wurde zum Transport der exklusiven Landhausmöbel innerhalb des Gebäudes eingebaut und dient damit dem Gewerbebetrieb der Mieterin **unmittelbar**. Der Aufzug steht in keinem einheitlichen Nutzungs- und Funktionszusammenhang mit dem Gebäude. Die Mieterin ist auch wirtschaftliche Eigentümerin des Lastenaufzugs. Dieser ist daher von X nach R 7.1 Abs. 3 EStR als bewegliches Wirtschaftsgut des Anlagevermögens zu bilanzieren und gemäß § 7 Abs. 1 Sätze 1, 2 und 4 EStG über die **Mietdauer** abzuschreiben. Die Abschreibung nimmt die Mieterin auch hier nach der linearen Methode vor:

	Anschaffungskosten zum 01.04.01	50.000 €
./.	AfA für April bis Dezember 01	3.750 €
=	Buchwert am 31.12.01	46.250 €

zu 6. Auch die spezielle Befeuchtungs- und Belüftungsanlage im Keller erfüllt die Voraussetzungen einer **Betriebsvorrichtung**, da X ihre antiken Möbelstücke ohne diese Einrichtung nicht sachgerecht lagern kann. Die spezielle Befeuchtungs- und Belüftungsanlage des Kellers steht auch in keinem einheitlichen Nutzungs- und Funktionszusammenhang mit dem Gebäude. Eine Abschreibung der Befeuchtungs- und Belüftungsanlage kann jedoch nur über die betriebsgewöhnliche Nutzungsdauer von acht Jahren erfolgen, da diese kürzer ist als die Gesamtmietdauer von zehn Jahren.

	Anschaffungskosten zum 01.07.01	20.000 €
./.	AfA für Juli bis Dezember 01	1.250 €
=	Buchwert am 31.12.01	18.750 €

zu 7. Der Einbau der Belüftungsanlage im zweiten Stock des Gebäudes steht im Gegensatz zum Mauerdurchbruch nicht in einem besonderen Nutzungs- und Funktionszusammenhang mit dem Gewerbebetrieb. Es handelt sich lediglich um die Verbesserung der allgemeinen Gebäudenutzung und damit (aus Sicht des Mieters) um einen immateriellen Vorteil. Selbst wenn die Mieterin von der generellen Verbesserung der Mietsituation profitiert, entsteht dadurch bei ihr noch kein materielles Wirtschaftsgut. Die Baumaßnahme steht vielmehr in einem Nutzungs- und Funktionszusammenhang mit der eigentlichen Gebäudenutzung. Durch den Einbau der Belüftungsanlage ist ein selbst erstelltes, immaterielles Wirtschaftsgut des Anlagevermögens entstanden, das mangels entgeltlichen Erwerbs gemäß § 5 Abs. 2 EStG nicht bilanziert werden darf. Ein entgeltlicher Erwerb liegt nicht schon deshalb vor, weil die Mieterin Ausgaben hatte. Ein entgeltlicher Erwerb im Sinne des § 5 Abs. 2 EStG liegt nur für das immaterielle Wirtschaftsgut als solches vor, nicht jedoch für die selbst geschaffenen Mietereinbauten. Die Ausgaben der Mieterin bilden die Gegenleistung beispielsweise für die Materialien und für die Handwerkerleistungen, nicht aber für ein von dritter Seite erworbenes immaterielles Wirtschaftsgut. Die Ausgaben der Mieterin i.H.v. 20.000 € stellen somit sofort abzugsfähige Betriebsausgaben dar.

zu 8. Bei der Errichtung des Kundenparkplatzes liegt kein Eigenaufwand und damit auch kein Mietereinbau vor. Es handelt sich vielmehr um eine Mietvorauszahlung, die den Ansatz eines aktiven Rechnungsabgrenzungspostens i.H.v. 22.000 € gemäß § 5 Abs. 5 Satz 1 Nr. 1 EStG erfordert. Zum Bilanzstichtag ist dieser um 3.000 € (= drei Monate à 1.000 € Mietminderung) anteilig aufzulösen:

ARAP	22.000 €	an	Bankkonto	22.000 €
Mietaufwand	3.000 €	an	ARAP	3.000 €

Leitsatz 11

Mietereinbauten und Mieterumbauten

Mietereinbauten und Mieterumbauten sind Baumaßnahmen, die der **Mieter** eines Gebäudes oder Gebäudeteils **im eigenen Namen** und **auf eigene Rechnung** (= Eigenaufwand) an dem gemieteten Gebäude oder Gebäudeteil vornehmen lässt, **sofern** die getätigte Baumaßnahme **Herstellungskosten** und keine Erhaltungsaufwendungen sind. Herstellungskosten des Mieters können entstehen für **Scheinbestandteile, Betriebsvorrichtungen** oder **sonstige Mietereinbauten und -umbauten**. Ist dies zu verneinen, dann hat der Mieter ein immaterielles Wirtschaftsgut geschaffen. Werden dagegen Ausgaben des Mieters für Bauten auf **fremdem Grund und Boden** vom Vermieter auf die Miete angerechnet, so liegt **Fremdaufwand** in Form von Mietvorauszahlungen vor, für die vom Mieter ein **aktiver Rechnungsabgrenzungsposten** zu bilden ist.

2.3 Technische Anlagen und Maschinen

Zur Steuerbilanzposition „Technische Anlagen und Maschinen" gehören alle Anlagen und Maschinen, die unmittelbar der Produktion dienen. Dies sind beispielsweise Anlagen zur Kraftversorgung der Produktionsmaschinen, Leitungsnetze der Strom-, Gas- und Wasserversorgung, Hochöfen, Anlagen der chemischen Industrie, Bagger, Transportanlagen, Förderbänder, Kräne, Arbeitsbühnen, Silos, Tanks und insbesondere Produktionsmaschinen, einschließlich der Fundamente, Stützen oder der Stützmauern. Auch bei dieser Bilanzposition gilt der Grundsatz der wirtschaftlichen Zugehörigkeit. Das bedeutet, unter dieser Bilanzposition werden auch technische Anlagen und Maschinen bilanziert, die wesentlicher Bestandteil eines fremden Grundstücks, sicherungsübereignet oder unter Eigentumsvorbehalt geliefert worden sind. Technische Anlagen und Maschinen sind stets als materielle, bewegliche und abnutzbare Wirtschaftsgüter des Anlagevermögens zu bilanzieren. Die AfA richtet sich grundsätzlich nach § 7 Abs. 1 EStG. Bemessungsgrundlage für die AfA sind die zuvor ermittelten Anschaffungs- oder Herstellungskosten.

Fall 20

X erhält am 02.07.01 eine Werkzeugmaschine für seinen Betrieb geliefert. Die Rechnung des Lieferanten Z lautet wie folgt:

	Listenpreis	140.000 €
+	Verpackung	1.200 €
+	Versendung und Versicherung	3.800 €
	Nettobetrag	145.000 €
+	19 % Umsatzsteuer	27.550 €
=	Rechnungsbetrag (brutto)	172.550 €

X ist voll zum Vorsteuerabzug berechtigt. Die Nutzungsdauer der Werkzeugmaschine beträgt laut amtlicher AfA-Tabelle fünf Jahre. Im Zusammenhang mit dem Erwerb dieser Maschine fielen bei X noch folgende Ausgaben an:

- Bearbeitungsgebühren für eine erforderliche
  Darlehensaufnahme: 5.000 €
- Transportausgaben vom Bahnhof zum Betrieb des X mit
  eigenem Lastkraftwagen (= Gemeinkosten) 500 €
- Fundamentierungsausgaben (netto), durchgeführt vom
  Bauunternehmer Y: 12.250 €

Die Rechnung beglich X noch am 02.07.01, da der Lieferant Z ihm 5 % Treuerabatt eingeräumt hatte. Wie hoch sind die steuerlichen Anschaffungskosten der Werkzeugmaschine und der Bilanzansatz zum 31.12.01 in der Steuerbilanz?

Gemäß § 6 Abs. 1 Nr. 1 Satz 1 EStG i.V.m. H 6.2 EStH sind **Anschaffungskosten** (gemeint sind Anschaffungsausgaben) die **Ausgaben**, die geleistet werden, um ein Wirtschaftsgut zu erwerben und es in einen **betriebsbereiten Zustand** zu versetzen, soweit sie dem Wirtschaftsgut **einzeln** zugeordnet werden können. Das Schema zur Ermittlung der steuerlichen Anschaffungskosten sieht wie folgt aus:

	Anschaffungspreis (i.d.R. ohne Umsatzsteuer)
+	Anschaffungsnebenkosten
+	nachträgliche Anschaffungskosten
./.	Anschaffungspreisminderungen
=	Anschaffungskosten

 **Finanzierungsausgaben** gehören, wie Sie ja bereits wissen, **nicht** zu den Anschaffungsnebenkosten. Sie stehen nicht in einem unmittelbaren, sondern nur in einem mittelbaren Zusammenhang mit der Anschaffung eines Wirtschaftsgutes, da neben dem Kaufvertrag noch der Kreditvertrag steht.

Die Anschaffungskosten und damit zugleich die AfA-Bemessungsgrundlage gemäß § 7 Abs. 1 EStG i.V.m. R 7.3 Abs. 1 Satz 1, Abs. 3 EStR ermitteln sich wie folgt:

	Rechnungsnettobetrag	145.000 €
./.	5% Treuerabatt	7.250 €
=	Anschaffungspreis	137.750 €
+	Fundamentierungsausgaben	12.250 €
=	Anschaffungskosten	150.000 €
./.	AfA gemäß § 7 Abs. 1 Sätze 1, 2 und 4 EStG	15.000 €
=	Bilanzansatz in der Steuerbilanz	135.000 €

Detaillierte Ausführungen zu Anschaffungskosten entnehmen Sie bitte Kudert/Sorg, „Rechnungswesen – *leicht gemacht®*", Lektion 7 sowie Kudert/Sorg, „Übungsbuch Rechnungswesen – *leicht gemacht®*", Lektion 7.

Fall 21

X erstellt mit eigenem Personal eine nicht am Markt erhältliche Spezialmaschine für die betriebliche Produktion. Laut Materialentnahmescheinen und Lohnzettel sind 39.200 € Materialeinzelkosten, 19.000 € Fertigungseinzelkosten und 7.500 € Sondereinzelkosten der Fertigung angefallen. Nach dem pagatorischen Betriebsabrechnungsbogen ergeben sich folgende Gemeinkostenzuschlagssätze:

- Materialgemeinkostenzuschlagssatz 15%
- Fertigungsgemeinkostenzuschlagssatz 250%
- Verwaltungsgemeinkostenzuschlagssatz 10%

Wie hoch sind die steuerrechtlichen Herstellungskosten der Spezialmaschine?

Gemäß § 5 Abs. 6 i.V.m. § 6 Abs. 1 Nr. 1b EStG sind aktivierungspflichtige Eigenleistungen in der Steuerbilanz mit den Herstellungskosten anzusetzen. Steuerrechtlich aktivierungspflichtig sind nicht alle Ausgabenbestandteile, die bei der Herstellung des Wirtschaftsgutes anfallen. Vielmehr besteht für bestimmte Ausgabenarten eine Aktivierungspflicht und für andere ein Aktivierungswahlrecht. Das Schema der einbeziehungspflichtigen und einbeziehungsfähigen Bestandteile der Herstellungskosten gemäß § 6 Abs. 1 Nr. 1b EStG sieht wie folgt aus:

Übersicht 10: Bestandteile der Herstellungskosten gemäß § 6 Abs. 1 Nr. 1b EStG

Bestandteile der Herstellungskosten gemäß § 6 Abs. 1 Nr. 1b EStG	Herstellungseinzelkosten	Herstellungsgemeinkosten	Keine Herstellungskosten
Materialeinzelkosten	Pflicht		
Fertigungseinzelkosten	Pflicht		
Sondereinzelkosten der Fertigung	Pflicht		
Materialgemeinkosten		Pflicht	
Fertigungsgemeinkosten		Pflicht	
Werteverzehr des Anlagevermögens		Pflicht	
Kosten der allgemeinen Verwaltung		Wahlrecht	
Aufwendungen für soziale Einrichtungen des Betriebs		Wahlrecht	
Aufwendungen für freiwillige soziale Leistungen		Wahlrecht	
Aufwendungen für betriebliche Altersversorgung		Wahlrecht	
Vertriebskosten			Verbot
Forschungskosten			Verbot

Herstellungskosten werden in der Regel mit Hilfe der **differenzierenden Zuschlagskalkulation** errechnet. Ihr Rechengang sieht wie folgt aus:

	Materialeinzelkosten	
+	Materialgemeinkosten (in Prozent der Materialeinzelkosten)	
+	Fertigungseinzelkosten (i.d.R. Fertigungslohn)	
+	Fertigungsgemeinkosten (in Prozent der Fertigungseinzelkosten)	
+	Sondereinzelkosten der Fertigung	
=	Herstellungskosten I	
+	Verwaltungsgemeinkosten (in Prozent der Zwischensumme)	
=	Herstellungskosten II	

Für die Spezialmaschine ergeben sich dann folgende mögliche Wertansätze:

	Materialeinzelkosten	39.200 €
+	15 % Materialgemeinkosten	5.880 €
+	Fertigungseinzelkosten	19.000 €
+	250 % Fertigungsgemeinkosten	47.500 €
+	Sondereinzelkosten der Fertigung	7.500 €
=	Herstellungskosten I EStG	119.080 €
+	10 % Verwaltungsgemeinkosten	11.908 €
=	Herstellungskosten II EStG	130.988 €

Das Einbeziehungswahlrecht von Verwaltungs- und Sozialgemeinkosten ist in Übereinstimmung mit der Handelsbilanz auszuüben; § 6 Abs. 1 Nr. 1b Satz 2 EStG.

Einzelheiten zu den Herstellungskosten entnehmen Sie bitte Kudert/Sorg, „**Kosten- und Leistungsrechnung** – *leicht gemacht®*".

Leitsatz 12

Technische Anlagen und Maschinen

Technische Anlagen und Maschinen sind **materielle, bewegliche** und **abnutzbare** Wirtschaftsgüter des **Anlagevermögens**. Sie sind mit den Anschaffungs- oder Herstellungskosten (ggf. um eine Abschreibung gemindert) anzusetzen. Die AfA richtet sich grundsätzlich nach § 7 Abs. 1 EStG.

2.4 Betriebs- und Geschäftsausstattung sowie Andere Anlagen

Zur Betriebs- und Geschäftsausstattung (BGA) gehören alle Wirtschaftsgüter der Büro- und Werkstatteinrichtung wie Stühle, Tische, Schränke, Regale, Lampen, Beamer, Overhead-Projektoren, Garderobenständer oder Papierkörbe, aber auch die Vorführwagen eines Kfz-Händlers (vgl. H 6.1 EStH (Stichwort: Vorführ- und Dienstwagen)), Einbauten in Geschäftslokale oder Restaurantausstattungen. Alle erwähnten Wirtschaftsgüter sind als materielle, bewegliche und abnutzbare Wirtschaftsgüter mit den Anschaffungs- oder Herstellungskosten anzusetzen (§ 6 Abs. 1 Nr. 1 Satz 1 EStG).

Die AfA richtet sich grundsätzlich nach § 7 Abs. 1 EStG.

Der Steuerbilanzposten „Andere Anlagen" stellt einen Sammelposten dar, der alle Wirtschaftsgüter aufnimmt, die nicht bereits unter anderen Sachanlageposten ausgewiesen sind. Hierzu gehören zum Beispiel Personen- und Lastkraftwagen, Flugzeuge, Hubschrauber, Schiffe, Lokomotiven nebst Anhänger, Transportbehälter, Werkzeuge oder Baustellencontainer.

■ Fall 22

X ist ein in Berlin ansässiger bekannter Speditionsunternehmer. Für seine diversen Lastkraftwagen hat er im Januar 01 sechs Austauschmotoren für jeweils 15.000 € (netto) wegen der günstigen Marktlage auf Vorrat angeschafft. Am 31.12.01 befinden sich die sechs Austauschmotoren noch im Ersatzteillager des X. Ausgehend von einer betrieblichen Nutzungsdauer von sechs Jahren aktiviert X die sechs Austauschmotoren in seiner Steuerbilanz mit insgesamt 75.000 €. Zu Recht?

Nein! Zur Bilanzposition „Andere Anlagen" gehören keine Wirtschaftsgüter, die zur Veräußerung, Verarbeitung oder zum Verbrauch angeschafft oder hergestellt worden sind. Gemäß R 6.1 Abs. 2 EStR stellen die sechs Austauschmotoren Vorratsvermögen dar, für das eine AfA unzulässig ist. Erst mit dem späteren Einbau der Austauschmotoren in die Lastkraftwagen erfolgt gemäß R 21.1 Abs. 1 EStR die Umbuchung „Erhaltungsaufwand an Vorräte".

■ Fall 23

Zum Anlagevermögen des Gewerbetreibenden X gehört ein Baustellencontainer, der im Januar 01 angeschafft und in Betrieb genommen wurde.

Die Anschaffungskosten betrugen 200.000 € (netto); die betriebsgewöhnliche Nutzungsdauer wurde mit zehn Jahren festgelegt. Infolge stark eingeschränkter Einsatzmöglichkeiten für derartige Baustellencontainer betrug sein Teilwert zum 31.12.02 nur noch 104.000 €.

Kann X eine Teilwertabschreibung in 02 vornehmen?

Nein! „Teilwert ist der Betrag, den ein Erwerber des ganzen Betriebs im Rahmen des Gesamtkaufpreises für das einzelne Wirtschaftsgut ansetzen würde; dabei ist davon auszugehen, dass der Erwerber den Betrieb fortführt"; § 6 Abs. 1 Satz 1 Nr. 1 Satz 3 EStG. Gemäß § 6 Abs. 1 Satz 1 Nr. 1 Satz 2 EStG kann (!) eine Teilwertabschreibung auf Wirtschaftsgüter des abnutzbaren Anlagevermögens nur dann vorgenommen werden, wenn eine voraussichtlich dauernde Wertminderung vorliegt.

Eine voraussichtlich dauernde Wertminderung liegt dann vor, „wenn der Wert des jeweiligen Wirtschaftsgutes zum Bilanzstichtag mindestens für die halbe Restnutzungsdauer unter dem planmäßigen Restbuchwert liegt"; BMF-Schreiben v. 03.09.2016 - IV C 6 - S 2171 - b/09/10002:002, BStBl. I 2016, S. 995, Rz. 8. X darf in 02 eine Teilwertabschreibung auf 104.000 € nicht vornehmen. Die Wertminderung ist voraussichtlich nicht von Dauer, da der Wert des Baustellencontainers bei planmäßiger Abschreibung schon nach drei Jahren und damit früher als nach mehr als der Hälfte der Restnutzungsdauer erreicht wird:

Anschaffungskosten 01	200.000 €
AfA 01: 10 % von 200.000 €	./. 20.000 €
AfA 02: 10 % von 200.000 €	./. 20.000 €
Buchwert zum 31.12.02	160.000 €
Restnutzungsdauer: 8 Jahre	
Halbe Restnutzungsdauer: 4 Jahre	
Nebenrechnung:	
AfA im 1. Jahr der Restnutzungsdauer	./. 20.000 €
AfA im 2. Jahr der Restnutzungsdauer	./. 20.000 €
AfA im 3. Jahr der Restnutzungsdauer	./. 20.000 €
Buchwert schon nach 3 Jahren der Restnutzungsdauer	100.000 €

Der Baustellencontainer ist in der Steuerbilanz des X mit 160.000 € zu bilanzieren.

Leitsatz 13

Betriebs- und Geschäftsausstattung sowie Andere Anlagen

Andere Anlagen sowie Betriebs- und Geschäftsausstattung sind als **materielle, bewegliche** und **abnutzbare** Wirtschaftsgüter mit den Anschaffungs- oder Herstellungskosten grundsätzlich vermindert um die AfA gemäß § 7 Abs. 1 EStG zu bilanzieren.

Teilwertabschreibungen sind nur auf Grund voraussichtlich **dauernder Wertminderungen** vorzunehmen. Diese liegen dann vor, wenn der Wert des jeweiligen Wirtschaftsgutes zum **Bilanzstichtag** mindestens für die **halbe Restnutzungsdauer unter** dem planmäßigen **Restbuchwert** liegt.

Der BFH hat im Laufe der Zeit aus Objektivierungs- und Vereinfachungsgründen die sog. Teilwertvermutungen entwickelt, die von der Finanzverwaltung übernommen wurden (H 6.7 EStH; Stichwort: Teilwertvermutungen). Demnach gibt es folgende Annahmen über die Höhe des Teilwerts, die vom Steuerpflichtigen widerlegt werden müssen, sofern er von diesen Annahmen abweichen will: Bei nicht abnutzbarem Anlagevermögen entspricht der Teilwert den Anschaffungs- oder Herstellungskosten. Bei abnutzbarem Anlagevermögen entspricht der Teilwert den Anschaffungs- oder Herstellungskosten abzüglich der linearen AfA. Bei Umlaufvermögen entspricht der Teilwert den Wiederbeschaffungskosten, er hängt jedoch auch vom voraussichtlichen Veräußerungserlös ab.

2.5 Sammelposten und Geringwertige Wirtschaftsgüter (GWG)

Nach § 6 Abs. 2 Satz 1 EStG können die Anschaffungs- oder Herstellungskosten von abnutzbaren, beweglichen und einer selbständigen Nutzung fähigen Wirtschaftsgütern des Anlagevermögens im Wirtschaftsjahr der Anschaffung, Herstellung oder Einlage oder der Eröffnung des Betriebs in voller Höhe als Betriebsausgaben abgezogen werden, wenn die Anschaffungs- oder Herstellungskosten netto (oder der nach § 6 Abs. 1 Nr. 5 bis 6 an deren Stelle tretende Wert) für das einzelne Wirtschaftsgut 800 € nicht übersteigen.

Ein Wirtschaftsgut ist gemäß § 6 Abs. 2 Satz 2 EStG einer **selbständigen Nutzung nicht fähig**, wenn es nach seiner betrieblichen Zweckbestimmung **nur zusammen** mit anderen Wirtschaftsgütern des Anlagevermögens genutzt werden kann und die in den Nutzungszusammenhang eingefügten Wirtschaftsgüter technisch aufeinander abgestimmt sind. Typische **Beispiele für selbständig nutzungsfähige Wirtschaftsgüter** sind Fässer, Transportkästen, Paletten, Tablets, Schreibtischlampen, Diktiergeräte, Büro- und Geschäftsausstattungen, Telefone oder Trivialprogramme; H 6.13 EStH. **Keine selbständig nutzungsfähigen Wirtschaftsgüter** sind beispielsweise Lampen eines kompletten Beleuchtungssystems, Ersatzteile für Maschinen, EDV-Kabel nebst Zubehör zur Vernetzung einer EDV-Anlage oder der Monitor und die Maus einer PC-Anlage; H 6.13 EStH.

Für gleichartige Wirtschaftsgüter des Anlagevermögens, deren Anschaffungs- oder Herstellungskosten **250 €** (netto), aber nicht **1.000 €** (netto) übersteigen, kann im Wirtschaftsjahr der Anschaffung, Herstellung oder Einlage des Wirtschaftsguts oder der Eröffnung des Betriebs ein **jahrgangsbezogener Sammelposten (GWG)** auf der Aktivseite der Steuerbilanz gemäß § 6 Abs. 2a Satz 1 EStG gebildet werden (auch als „**Poolbildung**" bezeichnet). Dieser Sammelposten ist im Wirtschaftsjahr seiner Bildung und in den folgenden vier Wirtschaftsjahren linear mit jeweils **20 % Poolabschreibung** aufwandswirksam aufzulösen; § 6 Abs. 2a Satz 2 EStG. Es spielt keine Rolle, wann im Laufe des Jahres das Wirtschaftsgut angeschafft, hergestellt oder eingelegt wurde. Ebenso bleibt die **individuelle betriebsgewöhnliche Nutzungsdauer**, z.B. nur zwei oder drei Jahre, **unberücksichtigt**. Vorgänge, die sich auf ein **einzelnes GWG** in diesem Sammelposten beziehen, z.B. Veräußerung, Entnahme, Diebstahl, Verschrottung oder sonstiges Abhandenkommen beispielsweise auf Grund höherer Gewalt, wirken sich auf den Wert des Sammelpostens nicht aus; § 6 Abs. 2a Satz 3 EStG und R 6.13 Abs. 6 Satz 2 EStR. Der Sammelposten ist kein Wirtschaftsgut, sondern gemäß R 6.13 Abs. 6 Satz 1 EStR eine **Rechengröße** und damit einer Teilwertabschreibung nicht zugänglich.

▌ Fall 24

Gewerbetreibender X erwirbt in 01 einen Bürostuhl für 250 € (netto). Seine betriebsgewöhnliche Nutzungsdauer beträgt 13 Jahre. X überlegt, wie bilanzsteuerrechtlich vorzugehen ist?

Die Anschaffungsausgaben i.H.v. 250 € (netto) können als Betriebsausgaben gebucht oder aktiviert und planmäßig abgeschrieben werden (§ 6 Abs. 2 EStG).

Fall 25

Gewerbetreibender X aus Fall 24 erwirbt in 01 weitere materielle, bewegliche und abnutzbare Wirtschaftsgüter des Anlagevermögens, die alle selbständig nutzbar sind und deren Anschaffungsausgaben jeweils zwischen 250,01 € (netto) und 1.000 € (netto) betragen. Die Summe der in 01 getätigten Anschaffungsausgaben beträgt 10.000 € (netto). Bilanzsteuerrechtliche Lösung zum 31.12.01?

X kann gemäß § 6 Abs. 2a EStG einen Sammelposten (GWG) i.H.v. 10.000 € bilden und diesen mit 20% (= 2.000 €) abschreiben. Der Wert des Sammelpostens beträgt zum 31.12.01 dann 8.000 €. Er könnte aber auch die Wirtschaftsgüter aktivieren und planmäßig über ihre Nutzungsdauer abschreiben.

Fall 26

In dem Sammelposten (GWG) aus Fall 25 befindet sich auch ein Aktenschrank mit Anschaffungsausgaben i.H.v. 800 € (netto). Diesen veräußert X in 02 für 500 € (netto). Bilanzsteuerrechtliche Lösung zum 31.12.02?

Der in 01 gebildete Sammelposten (GWG) wird unverändert fortgeführt; zum 31.12.02 sind wiederum Abschreibungen i.H.v. 2.000 € zu buchen. Der Wert des Sammelpostens beträgt nunmehr 6.000 €. Der Veräußerungserlös i.H.v. 500 € ist als Ertrag zu buchen. Der sich nicht mehr im Pool befindliche Aktenschrank darf nicht ausgebucht werden.

Fall 27

Gewerbetreibender X erwirbt noch im Dezember 02 einen Schreibtisch für 950 € (netto). Laut amtlicher AfA-Tabelle beträgt seine betriebsgewöhnliche Nutzungsdauer dreizehn Jahre. Bilanzsteuerrechtliche Lösung zum 31.12.02?

X könnte in 02 einen neuen Sammelposten (GWG 2) i.H.v. 950 € bilden und diesen mit 190 € abschreiben. Der Sammelposten (GWG 1) ist wie gehabt mit 2.000 € abzuschreiben.

Fall 28

Gewerbetreibender X fragt seinen Chefbuchhalter Saldo, wie viele Sammelposten (GWG) ggf. künftig parallel verwaltet werden müssen.

Was wird Saldo wohl antworten?

Fünf!

▰▰▰ Fall 29
Gewerbetreibender X erwirbt im Januar 02 einen weiteren Schreibtisch für 2.000 € (netto). Seine betriebsgewöhnliche Nutzungsdauer beträgt 13 Jahre. Bilanzsteuerrechtliche Lösung zum 31.12.02?

X muss den Schreibtisch unter der Steuerbilanzposition „Betriebs- und Geschäftsausstattung" aktivieren und linear sowie monatsgenau mit 154 € abschreiben.

Leitsatz 14

GWG – Sofortabschreibung und Sammelposten

GWG bis zu **250,00 € (netto)** können bei Anschaffung, Herstellung oder Einlage ab dem 01.01.2018 im Jahr der Anschaffung, Herstellung oder Einlage oder der Eröffnung des Betriebs **in voller Höhe** als Betriebsausgaben abgesetzt werden.

GWG von **250,01 € (netto) bis zu 800,00 € (netto)** können bei Anschaffung, Herstellung oder Einlage ab dem 01.01.2018 **aktiviert** und sofort wieder **in voller Höhe abgesetzt** oder in einen **jahrgangsbezogenen Sammelposten** (= Poolbildung) eingestellt werden. Dieser Sammelposten ist im Wirtschaftsjahr seiner Bildung und in den folgenden vier Wirtschaftsjahren linear mit jeweils **20 % aufwandswirksam aufzulösen** (= Poolabschreibung).

Vorgänge, die sich auf ein einzelnes GWG beziehen, wirken sich auf den Wert des Sammelpostens nicht aus. GWG von **250,01 € (netto) bis 1.000,00 € (netto)** können bei Anschaffung, Herstellung oder Einlage ab dem 01.01.2018 ebenfalls in einen jahrgangsbezogenen **Sammelposten** aufgenommen und über fünf Jahre abgeschrieben werden. Wichtig ist, dass der Steuerpflichtige sein **Wahlrecht** für GWG von 250,01 € (netto) bis 1.000,00 € (netto) **einheitlich ausübt**. Ein **Nebeneinander** beider Regelungen **in einem Wirtschaftsjahr**, also Sofortabschreibung von GWG bis 800,00 € (netto) einerseits und Aufnahme in einen Sammelposten für GWG von 800,00 € (netto) bis 1.000,00 € (netto) andererseits ist gemäß § 6 Abs. 2a Satz 5 EStG **nicht möglich**.

Seit dem 01.01.2018 sind Aufzeichnungen in einem **besonderen, laufend zu führenden Verzeichnis erst ab** einem Nettobetrag von 250,01 € (netto) erforderlich; § 6 Abs. 2 Satz 4 EStG. Das Verzeichnis braucht gemäß § 6 Abs. 2 Satz 5 EStG **nicht** geführt zu werden, wenn sich alle relevanten GWG-Angaben aus der Buchführung ergeben.

Fall 30

X kauft und erhält am 02.01.10 einen PC-Arbeitstisch für 600 € (netto).

Welche Bilanzierungsmöglichkeiten hat X?

X kann den PC-Arbeitstisch aktivieren und über seine betriebsgewöhnliche Nutzungsdauer monatsgenau abschreiben. X kann auch die Sofortabschreibung gemäß § 6 Abs. 2 EStG oder die Bewertung/Abschreibung als Sammelposten gemäß § 6 Abs. 2a EStG wählen.

2.6 Kurzlebige Wirtschaftsgüter

Fall 31

Gewerbetreibender X erwirbt am 02.09.01 ein Präzisionsvermessungsgerät für 2.200 € (netto). Die betriebsgewöhnliche Nutzungsdauer beträgt nur zehn Monate.

Bilanzsteuerrechtliche Lösung?

Wirtschaftsgüter mit einer betrieblichen Nutzungsdauer von weniger als einem Jahr werden als kurzlebige Wirtschaftsgüter bezeichnet. Gemäß § 7 Abs. 1 Satz 1 EStG (Umkehrschluss) stellen die 2.200 € (netto) sofort abzugsfähige Betriebsausgaben dar.

2.7 Geleistete Anzahlungen und Anlagen im Bau

Tätigt ein bilanzierendes Unternehmen während eines Wirtschaftsjahres Investitionen in das Sachanlagevermögen, die am Bilanzstichtag noch nicht vollendet sind, so sind die Ausgaben dafür unter „geleistete Anzahlungen und Anlagen im Bau" zu aktivieren, um eine erfolgsmäßige Neutralisierung dieser Ausgaben zu erreichen.

Unter Anlagen im Bau werden alle Fremd- als auch Eigenleistungen berücksichtigt. Nach der Fertigstellung werden die Wirtschaftsgüter auf die einzelnen Posten des Sachanlagevermögens, zu denen sie gehören, umgebucht. Typische Beispiele hierfür sind Gebäude oder technische Anlagen und Maschinen.

Geleistete Anzahlungen sind Vorausleistungen des bilanzierenden Unternehmens auf im Übrigen noch schwebende Geschäfte. Geleistete Anzahlungen sind zu ihrem Nennbetrag anzusetzen. Wenn mit der Anzahlung Umsatzsteuer zu leisten war, ist die Anzahlung mit dem Nettobetrag anzusetzen (siehe hierzu aber auch Lektion 8, 2.2 Umsatzsteuer auf Anzahlungen).

3   Finanzanlagen

Von den immateriellen Wirtschaftsgütern und den Wirtschaftsgütern des Sachanlagevermögens unterscheiden sich Finanzanlagen des Anlagevermögens dadurch, dass mit dem darin investierten Kapital nicht im eigenen Unternehmen, sondern in fremden Unternehmen gearbeitet wird. In der Praxis am häufigsten sind Wertpapiere und Beteiligungen. Ob diese zum nicht abnutzbaren Anlagevermögen oder zum Umlaufvermögen gehören, ergibt sich aus deren Zweckbestimmung als lang- oder kurzfristige Kapitalanlage.

Unter dem Steuerbilanzposten „Wertpapiere des Anlagevermögens" werden diejenigen Wertpapiere bilanziert, die zur langfristigen Kapitalanlage gehalten werden. Man unterscheidet zwischen festverzinslichen Wertpapieren (z.B. Pfandbriefe, Bank- und Industrieobligationen, Schuldverschreibungen, öffentliche Anleihen des Bundes, der Länder und Gemeinden etc.) und Wertpapieren mit variablem Ertrag (z.B. Dividendenpapiere wie Aktien oder Genussscheine). Gemäß H 4.2 EStH (Stichwort: Wertpapiere) können Wertpapiere gewillkürtes Betriebsvermögen eines Gewerbebetriebs sein, wenn nicht bereits bei ihrem Erwerb oder ihrer Einlage erkennbar ist, dass sie dem Betrieb keinen Nutzen, sondern nur Verluste bringen. Notwendiges Betriebsvermögen kann i.d.R. nicht angenommen werden, da Wertpapiere des Anlagevermögens nur selten unmittelbar dem Unternehmenszweck dienen (anders z.B. bei strategischen Beteiligungen).

Die Zugangsbewertung der Wertpapiere des Anlagevermögens erfolgt zu Anschaffungskosten (vgl. § 6 Abs. 1 Nr. 2 Satz 1 EStG). Zu den Anschaffungskosten (gemeint sind wieder Anschaffungsausgaben) gehören auch die Anschaffungsnebenkosten wie insbesondere Bankspesen und Vermittlungsprovisionen. Nicht zu den Anschaffungskosten gehören bei festverzinslichen Wertpapieren die Stückzinsen, da der Anspruch durch

Einlösung der Zinsscheine getilgt wird. Es handelt sich dabei vielmehr um die Anschaffungskosten der Zinsforderung.

Fall 32

Die X-GmbH erwarb im Februar 01 über das Xetra Handelssystem der Deutschen Börse AG zum Aufbau einer langfristigen Liquiditätsreserve 5.000 Aktien der I-Bank für 40 € je Aktie. Danach sank der Börsenkurs bis zum 31.12.01 kontinuierlich auf 10 € je Aktie ab. Bis zur Aufstellung der Steuerbilanz zum 31.03.02 stieg der Kurs auf 20 € an.

Darf die X-GmbH für 01 eine Teilwertabschreibung vornehmen?

Ja! Die X-GmbH behandelt die Wertpapiere des Anlagevermögens als gewillkürtes Betriebsvermögen. Sie wurden erworben, um den Betrieb zu fördern; H 4.2 Abs. 1 EStH (Stichwort: Kreditgrundlage/Liquiditätsreserve). Ihr Steuerbilanzansatz im Februar 01 erfolgte mit den Anschaffungskosten i.H.v. 40 € je Aktie (= 200.000 €). Gemäß § 6 Abs. 1 Nr. 2 Satz 2 EStG darf eine Teilwertabschreibung auf das nicht abnutzbare Anlagevermögen nur dann vorgenommen werden, wenn eine voraussichtlich dauernde Wertminderung vorliegt. Bei börsennotierten Aktien, die als Finanzanlage im Anlagevermögen gehalten werden, ist dann von einer voraussichtlich dauernden Wertminderung auszugehen, wenn der Kurswert zum Bilanzstichtag unter die Anschaffungskosten gesunken ist und der Kursverlust die Bagatellgrenze von 5 % der Notierung bei Erwerb überschreitet; BMF-Schreiben vom 02.09.2016 - IV C 6 - S 2171 - b/09/10002:002, BStBl. I 2016, S. 995, Rz. 17. Dies ist hier der Fall. Die Teilwertabschreibung i.H.v. 150.000 € ist gerechtfertigt. Der Steuerbilanzansatz zum 31.12.01 erfolgt mit 50.000 €.

Mit seinen Urteilen vom 21.09.2011 präzisiert der BFH, dass Teilwertabschreibungen auf börsennotierte Aktien des Anlagevermögens zulässig sind, wenn der Kursverlust am Bilanzstichtag größer als 5 % ist. Hierbei handelt es sich um eine Bagatellgrenze. Auf die Kursentwicklung nach dem Bilanzstichtag kommt es grundsätzlich nicht an; BFH, Urteile vom 21.09.2011 – I R 89/10 und I R 7/11. Bei den bis zum Tag der Bilanzaufstellung eingetretenen Kursänderungen handelt es sich demnach um wertbeeinflussende Tatsachen, die die Bewertung der börsennotierten Aktien zum Bilanzstichtag nicht berühren. Das BMF hat sich dieser Ansicht angeschlossen (BMF-Schreiben vom 02.09.2016 - IV C 6 - S 2171 - b/09/10002:002, BStBl. I 2016, S. 995, Rz. 19).

Einzelheiten zum Wertaufhellungsprinzip entnehmen Sie bitte Kudert/Sorg „Rechnungswesen – *leicht gemacht*®", Lektion 6 und Kudert/Sorg „Übungsbuch Rechnungswesen – *leicht gemacht*®", Lektion 6, Wissenskontrollfrage 6 und Übungsaufgabe 35.

Fall 33

Entgegen aller Prognosen erweist sich die Krise aus Fall 32 doch nicht als nachhaltig. Zum 31.12.02 ist der Börsenkurs der I-Bank Aktie auf 50 € gestiegen. Bis zur Aufstellung der Steuerbilanz am 31.03.03 bleibt dieser Kurs konstant.

Bilanzsteuerrechtliche Lösung zum 31.12.02?

Gemäß § 6 Abs. 1 Nr. 2 Satz 3 EStG i.V.m. § 6 Abs. Nr. 1 Satz 4 EStG gilt für Wirtschaftsgüter des nicht abnutzbaren Anlagevermögens, sofern sie bereits am Schluss des vorangegangenen Wirtschaftsjahres zum Anlagevermögen des Steuerpflichtigen gehört haben (hier: gewillkürtes Betriebsvermögen des X) eine strikte Zuschreibungspflicht auf die Anschaffungskosten (aber nicht darüber hinaus). „Hat sich der Wert des Wirtschaftsguts nach einer vorangegangenen Teilwertabschreibung wieder erhöht, so ist diese Betriebsvermögensmehrung bis zum Erreichen der Bewertungsobergrenze steuerlich zu erfassen"; BMF-Schreiben vom 02.09.2016 – IV C 6 - S 2171 - b/09/10002:002, BStBl. I 2016, S. 995, Rz. 27. Der Steuerbilanzansatz der I-Bank Aktie zum 31.12.08 erfolgt mit 200.000 €.

„Beteiligungen sind Anteile an anderen Unternehmen, die bestimmt sind, den eigenen Geschäftsbetrieb durch Herstellung einer dauernden Verbindung zu jenen Unternehmen zu dienen"; § 271 Abs. 1 Satz 1 HGB. Beteiligungen an Kapitalgesellschaften sind, unabhängig ob verbrieft oder nicht verbrieft, Wirtschaftsgüter, die entweder zum notwendigen oder zum gewillkürten Betriebsvermögen gehören. Beteiligungen an Personengesellschaften stellen steuerlich hingegen keine selbständig bewertbaren Wirtschaftsgüter dar, weil man „durchschaut". Die Beteiligung wird daher als Spiegelbild des Eigenkapitalkontos dargestellt.

Lektion 4: Bilanzierung des Umlaufvermögens

Zum Umlaufvermögen gehören im Umkehrschluss zum Anlagevermögen alle Wirtschaftsgüter, die nicht dazu bestimmt sind, dem Geschäftsbetrieb des Steuerpflichtigen auf Dauer zu dienen. „Zum Umlaufvermögen gehören die Wirtschaftsgüter, die zur Veräußerung, Verarbeitung oder zum Verbrauch angeschafft oder hergestellt worden sind, insbesondere Roh-, Hilfs- und Betriebsstoffe, Erzeugnisse und Waren, Kassenbestände"; R 6.1 Abs. 2 EStR. Gemäß § 6 Abs. 1 Nr. 2 Satz 1 EStG erfolgt die Zugangsbewertung aller Wirtschaftsgüter des Umlaufvermögens zu Anschaffungs- oder Herstellungskosten. AfA, AfS und AfaA scheiden im Rahmen der Bewertung des Umlaufvermögens aus. Gemäß § 6 Abs. 1 Nr. 2 Satz 2 EStG ist am Bilanzstichtag diesen Anschaffungs- oder Herstellungskosten der Teilwert der betreffenden Wirtschaftsgüter des Umlaufvermögens gegenüberzustellen. Ist der Teilwert aufgrund einer voraussichtlich dauernden Wertminderung niedriger als die Anschaffungs- oder Herstellungskosten, so darf dieser angesetzt werden. Hierbei kommt dem Zeitpunkt der Veräußerung oder Verwendung eine besondere Bedeutung zu. Hält die Wertminderung bis zum Zeitpunkt der Aufstellung der Steuerbilanz oder dem vorangegangenen Verkaufs- oder Verbrauchszeitpunkt an, so ist diese Wertminderung voraussichtlich von Dauer. Wertentwicklungen nach dem Bilanzstichtag als zusätzliche Erkenntnisse sind zu berücksichtigen; BMF-Schreiben vom 02.09.2016 - IV C 6 - S 2171 - b/09/10002:002, BStBl. I 2016, S. 995, Rz. 16.

1 Vorräte

Vorräte eines Unternehmens sind alle auf Lager, in Arbeit oder auch unterwegs befindlichen Wirtschaftsgüter des Umlaufvermögens, die für die Produktion oder als Erzeugnisse, Leistungen oder Waren für die Veräußerung vorgesehen sind. „Die Wirtschaftsgüter des Vorratsvermögens sind grundsätzlich einzeln zu bewerten. Enthält das Vorratsvermögen am Bilanzstichtag Wirtschaftsgüter, die im Verkehr nach Maß, Zahl oder Gewicht bestimmt werden (vertretbare Wirtschaftsgüter) und bei denen die Anschaffungs- oder Herstellungskosten wegen Schwankungen der Einstandspreise im Laufe des Wirtschaftsjahres im Einzelnen nicht mehr einwandfrei feststellbar sind, ist der Wert dieser Wirtschaftsgüter zu schätzen. In diesen Fällen stellt die Durchschnittsbewertung (Bewertung nach dem gewogenen Mittel der im Laufe des Wirtschaftsjahres erworbenen und ggf. zu Beginn des Wirtschaftsjahres vorhandenen Wirtschaftsgüter) ein zweckentsprechendes Schätzungsverfahren dar"; R 6.8 Abs. 3 EStR. Diese **einfache Methode des gewogenen Durchschnitts** vernachlässigt, dass im Laufe eines Wirtschaftsjahres auch Abgänge aus dem Bestand die Regel sind. Die Methode der **gleitenden Durchschnittsbewertung** ermittelt daher nach jedem Zugang einen neuen Durchschnittswert und bezieht diesen auf die danach erfolgenden Abgänge.

Fall 34

Baustoffgroßhändler X handelt mit einer Vielzahl von Baumaterialien, unter anderem auch mit Grobkies. Das Materialbestandskonto „Grobkies" wies in 01 neben dem Anfangsbestand folgende Zu- und Abgänge auf:

– 01.01.	Anfangsbestand	150 kg	à 20,00 €/kg
– 19.01.	Zugang	250 kg	à 21,00 €/kg
– 01.02.	Abgang	100 kg	
– 05.07.	Zugang	200 kg	à 19,00 €/kg
– 25.07.	Abgang	400 kg	
– 12.09.	Zugang	150 kg	à 21,50 €/kg
– 22.11.	Abgang	50 kg	

Wie hoch ist der Endbestand an Grobkies zum 31.12.01? Wie lauten die Steuerbilanzansätze nach der einfachen und der gleitenden Durchschnittsbewertung?

a) Einfache Durchschnittsmethode

Anfangsbestand	150 kg à 20,00 €	=	3.000,00 €
+ Zugang	250 kg à 21,00 €	=	5.250,00 €
+ Zugang	200 kg à 19,00 €	=	3.800,00 €
+ Zugang	150 kg à 21,50 €	=	3.225,00 €
	750 kg		15.275,00 €
Durchschnittspreis:	15.275,00 € : 750 kg	=	20,3$\overline{6}$ €/kg
– Abgänge	550 kg à 20,3$\overline{6}$ €	=	11.201,6$\overline{6}$ €
Endbestand	**200 kg à 20,3$\overline{6}$ €**	**=**	**4.073,3$\overline{3}$ €**

b) Gleitende Durchschnittsmethode

01.01.	Anfangsbestand	150 kg à 20,00 €	=	3.000,00 €
19.01.	+ Zugang	250 kg à 21,00 €	=	5.250,00 €
	Bestand	400 kg	=	8.250,00 €
	Durchschnittspreis:	8.250,00 € : 400 kg	=	20,63 €/kg
01.02.	– Abgang	100 kg à 20,63 €	=	2.063,00 €
	Bestand	300 kg	=	6.187,00 €
05.07.	+ Zugang	200 kg à 19,00 €	=	3.800,00 €
	Bestand	500 kg	=	9.987,00 €
	Durchschnittspreis:	9.987,00 € : 500 kg	=	19,97 €/kg
25.07.	– Abgang	400 kg à 19,97 €	=	7.989,00 €
	Bestand	100 kg	=	1.999,00 €
12.09.	+ Zugang	150 kg à 21,50 €	=	3.225,00 €
	Bestand	250 kg	=	5.224,00 €
	Durchschnittspreis:	5224,00 € : 250 kg	–	20,896 €/kg
22.11.	– Abgang	50 kg à 20,896 €	=	1.045,00 €
Endbestand		**200 kg à 20,896 €**	**=**	**4.179,00 €**

Gemäß § 6 Abs. 1 Nr. 2a EStG können Steuerpflichtige, die ihren Gewinn nach §§ 4, 5 EStG ermitteln, für den Wertansatz gleichartiger Wirtschaftsgüter des Vorratsvermögens unterstellen, dass die zuletzt angeschafften oder hergestellten Wirtschaftsgüter zuerst verbraucht oder veräußert worden sind. Diese sogenannte Lifo-Methode (Last-in-First-out-Methode) darf nicht zur Anwendung kommen, wenn sie, wie bei leicht verderblichen Waren oder bei einer Silolagerung, mit den tatsächlichen Verhältnissen offensichtlich unvereinbar ist (bezüglich verderblicher Waren vgl. BMF-Schreiben vom 12.05.2015 - IV C 6 - S 2174/07/10001:002, BStBl. I 2015, S. 462, Rz. 9). Der Endbestand am Bilanzstichtag berechnet sich aus dem Anfangsbestand und ggf. den ersten Zugängen der Periode. Dieses Perioden-Lifo-Verfahren unterscheidet sich von dem steuerrechtlich ebenso gestatteten permanenten Lifo-Verfahren dadurch, dass hier für jeden Abgang aus dem Bestand aufgrund eines Verbrauches oder einer Veräußerung innerhalb der betrachteten Periode ein Abgangswert aufgrund der Lifo-Methode ermittelt wird; R 6.9 Abs. 4 EStR.

Fall 35

Wie lauten aus Fall 34 nunmehr die Steuerbilanzansätze nach dem Perioden-Lifo-Verfahren und dem permanenten Lifo-Verfahren?

a) Perioden-Lifo-Verfahren

Anfangsbestand	150 kg à 20,00 €			
+ Zugang	250 kg à 21,00 €			
+ Zugang	200 kg à 19,00 €			
+ Zugang	150 kg à 21,50 €			
	750 kg			
– Verbrauch	550 kg			
Endbestand	200 kg			
	150 kg à 20,00 €	=	3.000,00 €	
	50 kg à 21,00 €	=	1.050,00 €	
Endbestand	**200 kg**	**=**	**4.050,00 €**	**(20,25 €/kg)**

b) Permanentes Lifo-Verfahren

01.01.	Anfangsbestand	150 kg à 20,00 €	=	3.000,00 €
19.01.	+ Zugang	250 kg à 21,00 €	=	5.250,00 €
	Bestand	400 kg	=	8.250,00 €
01.02.	– Abgang	100 kg à 21,00 €	=	2.100,00 €
	Bestand	300 kg	=	6.150,00 €
05.07.	+ Zugang	200 kg à 19,00 €	=	3.800,00 €
	Bestand	500 kg	=	9.950,00 €
25.07.	– Abgang 400 kg	200 kg à 19,00 €	=	3.800,00 €
		150 kg à 21,00 €	=	3.150,00 €
		50 kg à 20,00 €	=	1.000,00 €
	Bestand	100 kg	=	2.000,00 €
12.09.	+ Zugang	150 kg à 21,50 €	=	3.225,00 €
	Bestand	250 kg	=	5.225,00 €
22.11.	– Abgang	50 kg à 21,50 €	=	1.075,00 €
Endbestand		**200 kg**	**=**	**4.150,00 €** (20,75 €/kg)

Wirtschaftsgüter des beweglichen Sachanlagevermögens sowie Roh-, Hilfs- und Betriebsstoffe des Vorratsvermögens können gemäß § 5 Abs. 1 Satz 1 Halbsatz 1 EStG i.V.m. § 240 Abs. 3 HGB weiterhin mit einer gleichbleibenden Menge und einem gleichbleibenden Wert (= Festwert) bilanziert werden, sofern der Bestand in seiner Größe, seinem Wert und seiner Zusammensetzung nur geringen Veränderungen unterliegt, die betreffenden Wirtschaftsgüter regelmäßig ersetzt werden und ihr Gesamtwert für das Unternehmen von nachrangiger Bedeutung (≤ 10% der Bilanzsumme) ist; R 5.4 Abs. 3 EStR und H 6.8 EStH (Stichwort „Festwert"). Der Festbewertung (= Festwertverfahren) liegt die Annahme zugrunde, dass sich der Verbrauch und die Neuzugänge entsprechen, so dass die Zugänge direkt als Aufwand gebucht werden können. Die erstmalige Bildung eines Festwerts im beweglichen Sachanlagevermögen setzt eine körperliche Bestandsaufnahme voraus. Ausgangsgrundlage sind die Anschaffungs- oder Herstellungskosten des jeweiligen Wirtschaftsgutes (z.B. Hotelgeschirr, Gerüst- und Schalungsteile, Stanzen, Formen, Walzen oder Fässer), die so lange aktiviert und danach wieder abgeschrieben werden, bis der Zustand erreicht wird, in dem sich die Zugänge, Abschreibungen und eventuelle Abgänge in etwa entsprechen. Dieser Zustand wird als Anhaltewert oder Gleichgewichtszustand bezeichnet. Sollte in einem Hotel, beginnend ab dem 02.01.02, in den Jahren 02 bis 06 Hotelgeschirr als Betriebs- und Geschäftsausstattung für jährlich 10.000 € (netto) angeschafft und über jeweils fünf Jahre linear abgeschrieben werden, so wird, wie nachfolgende Tabelle verdeutlicht, dieser Gleichgewichtszustand zum 31.12.06 erreicht:

Hotelgeschirr \ Jahre	02 €	03 €	04 €	05 €	06 €	Summe €
Anschaffungskosten	10.000					10.000
./. AfA	2.000					./. 2.000
= Bilanzansatz 31.12.02	8.000					8.000
+ Zugang 03		10.000				+ 10.000
./. AfA	2.000	2.000				./. 4.000
= Bilanzansatz 31.12.03	6.000	8.000				14.000
+ Zugang 04			10.000			+ 10.000
./. AfA	2.000	2.000	2.000			./. 6.000
= Bilanzansatz 31.12.04	4.000	6.000	8.000			18.000
+ Zugang 05				10.000		+ 10.000
./. AfA	2.000	2.000	2.000	2.000		./. 8.000
= Bilanzansatz 31.12.05	2.000	4.000	6.000	8.000		20.000
+ Zugang 06					10.000	+ 10.000
./. AfA	2.000	2.000	2.000	2.000	2.000	./. 10.000
= Bilanzansatz 31.12.06	0	2.000	4.000	6.000	8.000	20.000

Zum 31.12.06 wird ein Anhaltewert i.H.v. 20.000 € erreicht. Alle weiteren Hotelgeschirrzukäufe werden ab dem Jahr 07 als Aufwand der Periode gebucht. Zur Überprüfung der Angemessenheit der bilanzierten Festwerte ist alle drei Jahre, spätestens aber an jedem fünften Bilanzstichtag eine körperliche Bestandsaufnahme vorzunehmen und ggf. eine Festwertanpassung durchzuführen; R 5.4 Abs. 3 EStR. Damit stellt die Festbewertung für die Praxis ein sehr bedeutendes Bewertungsvereinfachungsverfahren dar.

Bei Roh- Hilfs- und Betriebsstoffen entspricht der im Zeitpunkt der erstmaligen Festwertbildung körperlich aufgenommene und mit den Anschaffungs- oder Herstellungskosten bewertete Bestand dem Festwert. Beispielsweise möchte die X-AG zum 31.12.02 für die im Betrieb vorrätigen Schmierstoffe einen Festwert ansetzen. Auf dem Konto „Schmierstoffe" ist der vorjährige Inventurbestand i.H.v. 12.000 € als Anfangsbestand ausgewiesen. Die im Wirtschaftsjahr 02 getätigten Ersatzbeschaffungen i.H.v. 15.000 € sind als Zugang gebucht. Bei der körperlichen Bestandsaufnahme und der Bewertung ergibt sich zum 31.12.02 ein Wert i.H.v. 11.500 €. Der Festwert i.H.v. 11.500 € ist in die Buchführung einzubuchen (SBK an Schmierstoffe 11.500 €). Das Konto „Schmierstoffe" ist über die Gewinn- und Verlustrechnung abzuschließen (GuV an Schmierstoffe 15.500 €). Die Ersatzbeschaffungen im Folgejahr 03 werden dann direkt auf dem entsprechenden Aufwandskonto gebucht.

Durch den Transformationsprozess von Roh-, Hilfs- und Betriebsstoffen entstehen unfertige und fertige Erzeugnisse. Für diese stellen die Herstellungskosten den Bewertungsmaßstab dar. Ist der Teilwert aufgrund einer voraussichtlich dauernden Wertminderung niedriger, so kann dieser gemäß § 6 Abs. 1 Nr. 2 Satz 2 EStG angesetzt werden.

Einzelhandelsfachgeschäften, insbesondere Textileinzelhandel und Warenhäusern mit sehr großem Warensortiment, bereitet die Ermittlung der Anschaffungskosten der Waren erhebliche Probleme, weil diese bereits beim Zugang im Betrieb mit ihren Verkaufspreisen kalkuliert und ausgezeichnet werden. In diesen Fällen ist steuerrechtlich die Bewertung nach dem Verkaufswertverfahren, auch retrograde Methode genannt, gestattet, sofern die Rohgewinnaufschläge einwandfrei festzustellen sind. Die Anschaffungskosten der Waren werden durch Rückrechnung ermittelt, indem von den kalkulierten Verkaufspreisen der Rohgewinn, etwaige Erlösschmälerungen (Rabatte, Skonti, Boni) sowie die Verwaltungs- und Vertriebsgemeinkosten subtrahiert werden.

Leitsatz 15

Vorräte

Vorräte sind als **materielle Wirtschaftsgüter** des **Umlaufvermögens** mit den Anschaffungs- oder Herstellungskosten anzusetzen. Neben der **Einzelbewertung** sind das **Festwertverfahren**, die **einfache** und die **gleitende Durchschnittsmethode** sowie das **Perioden-Lifo-Verfahren** und das **permanente Lifo-Verfahren** für die Bewertung gestattet. Die **retrograde Wertermittlung** zur Feststellung der Anschaffungskosten ist für **Waren** gestattet. AfA, AfS und AfaA scheiden für die Vorratsbewertung aus. Teilwertabschreibungen sind nur aufgrund voraussichtlich dauernder Wertminderung zulässig.

2 Forderungen aus Lieferungen und Leistungen

Der Begriff der Forderungen umfasst alle Ansprüche, die sich als Forderung im Rechtssinne darstellen und auf einem Schuldverhältnis i.S.d. § 241 BGB beruhen (zum Beispiel Kaufvertrag oder Werkvertrag). Forderungen sind letztlich der Gegenwert für eine erbrachte Leistung (= Lieferung oder sonstige Leistung). Als Forderungen aus Lieferungen und Leistungen sind die Forderungen aus Verträgen auszuweisen, die die Haupttätigkeit des Unternehmens betreffen. Derartige Forderungen entsprechen den Geschäftsvorfällen, die in der Gewinn- und Verlustrechnung unter Umsatzerlöse auszuweisen sind. Daneben können auch Forderungen aus Umsatzgeschäften, die nicht die gewöhnliche Geschäftstätigkeit des Unternehmens betreffen, hier ausgewiesen werden (zum Beispiel Miet- oder Pachtforderungen). Nicht unter die Forderungen aus Lieferungen und Leistungen fallen Forderungen, denen kein Umsatzgeschäft zugrunde liegt, wie beispielsweise Darlehens- oder Schadenersatzforderungen. Auch gestundete Forderungen aus Lieferungen und Leistungen sind unter der Bilanzposition „Forderungen aus Lieferungen und Leistungen" auszuweisen. Wird allerdings eine Forderung aus Lieferungen und Leistungen in ein Darlehen umgewandelt, so erfolgt ab diesem Zeitpunkt ein Ausweis unter „Sonstige Ausleihungen" oder unter „Sonstige Vermögensgegenstände".

Forderungen aus Lieferungen und Leistungen gehören zum Umlaufvermögen. Sie können nach diversen Gesichtspunkten eingeteilt werden. Insbesondere werden Forderungen aus Lieferungen und Leistungen nach deren Fälligkeit, Währung oder nach deren Werthaltigkeit unterteilt. So unterscheidet man im Bilanzsteuerrecht demzufolge kurzfristige, mittelfristige oder langfristige Forderungen, Forderungen in in- oder ausländischer Währung sowie vollwertige, zweifelhafte und uneinbringliche Forderungen.

> Forderungen **entstehen nach dem Realisationsprinzip** in dem Zeitpunkt, in dem der Unternehmer **die Lieferung oder die sonstige Leistung** erbracht hat und die **Gefahr des zufälligen Untergangs** auf den Käufer übergegangen ist. Der Unternehmer, der die Lieferung oder die sonstige Leistung erbracht hat, hat zu diesem Zeitpunkt einen Anspruch auf die Gegenleistung. Zu diesem Zeitpunkt tritt die **Gewinnrealisierung** ein. Ein Gewinn darf erst dann ausgewiesen werden, wenn er durch einen Umsatzakt am Absatzmarkt realisiert ist. Wertsteigerungen des ruhenden Vermögens dürfen demzufolge nicht zu einem Gewinn im Jahresabschluss führen.

Unmaßgeblich für die Bilanzierung einer Forderung aus Lieferungen und Leistungen ist der Zeitpunkt des Vertragsabschlusses (= zivilrechtliches Verpflichtungsgeschäft), die Rechnungsstellung oder der Tag der Zahlung.

Forderungen aus Lieferungen und Leistungen sind mit den Anschaffungskosten zu bilanzieren. Die Anschaffungskosten entsprechen dem Nennwert einschließlich der Umsatzsteuer. Nach § 253 Abs. 4 Satz 2 HGB sind Forderungen aus Lieferungen und Leistungen auf den am Bilanzstichtag beizulegenden Wert abzuschreiben, sofern dieser niedriger als die Anschaffungskosten ist (= strenges Niederstwertprinzip). Steuerrechtlich muss gemäß § 6 Abs. 1 Nr. 2 Satz 2 EStG eine voraussichtlich dauernde Wertminderung vorliegen, die vom Steuerpflichtigen zu beweisen ist, um eine Teilwertabschreibung vorzunehmen (Wahlrecht).

> Bei der Bewertung der Forderungen aus Lieferungen und Leistungen ist somit die **Zahlungsfähigkeit** der Schuldner zu berücksichtigen. Man unterscheidet in diesem Zusammenhang:
> ▶ **uneinbringliche Forderungen**
> ▶ **zweifelhafte Forderungen**
> ▶ **vollwertige Forderungen**

Als uneinbringlich werden die Forderungen aus Lieferungen und Leistungen bezeichnet, bei denen am Bilanzstichtag feststeht, dass deren Bezahlung keinesfalls erreicht werden kann und sie in voller Höhe ausfallen werden. Forderungen aus Lieferungen und Leistungen sind beispielsweise dann als uneinbringlich zu bewerten, wenn im Rahmen des Insolvenzverfahrens die Insolvenzmasse nicht zur Deckung der Forderung ausreicht, der Schuldner eine eidesstattliche Versicherung im Sinne des § 807 ZPO geleistet hat oder der Schuldner verstorben oder verzogen ist, ohne Wirtschaftsgüter zu hinterlassen. Uneinbringliche Forderungen sind wertlos und müssen gemäß § 6 Abs. 1 Nr. 2 Satz 2 EStG in voller Höhe abgeschrieben werden. Da der Forderungsbetrag i.d.R. auch Umsatzsteuer beinhaltet, muss diese gemäß § 17 Abs. 1 Satz 1 UStG i.V.m. § 17 Abs. 2 Nr. 1 UStG entsprechend korrigiert werden.

Als zweifelhaft werden die Forderungen aus Lieferungen und Leistungen bezeichnet, bei denen am Bilanzstichtag nur noch ein teilweiser Zahlungseingang erwartet wird. Zweifelhafte Forderungen werden auch als Dubiose bezeichnet. Forderungen aus Lieferungen und Leistungen sind beispielsweise dann als zweifelhaft einzustufen, wenn Schuldner sich im Zahlungsverzug befinden, auf Mahnungen nicht reagieren, Schecks oder Wechsel nicht eingelöst werden oder bereits ein Vergleichsverfahren eingeleitet worden ist. Aus Gründen der Bilanzklarheit sind sodann die zweifelhaften Forderungen von den übrigen Forderungen zu trennen. Dies geschieht mit Hilfe des aktiven Bestandskontos „Zweifelhafte Forderungen". Die Buchung bewirkt lediglich eine buch- und bilanzmäßige Trennung des Forderungsbestandes. Der Periodenerfolg wird durch diese Buchung nicht berührt. Erst wenn ein Teil dieser zweifelhaften Forderung unter der Annahme einer voraussichtlich dauernden Wertminderung abgeschrieben wird, erscheint der voraussichtliche Forderungsausfall als Aufwand. Hierbei ist allerdings zu beachten, dass lediglich der Nettobetrag der voraussichtlich ausfallenden Forderung der Abschreibung unterliegt. Die Umsatzsteuer wird gemäß § 17 UStG erst bei einem tatsächlichen Ausfall der Forderung berichtigt. Die Bewertung von zweifelhaften Forderungen erfolgt im Regelfall im Wege der Einzelwertberichtigung.

Auch bei Forderungen aus Lieferungen und Leistungen ist der Grundsatz der Einzelbewertung maßgebend. Die Möglichkeit der Einzelbewertung jeder Forderung aus Lieferungen und Leistungen ist aber in der Praxis mit großen Schwierigkeiten verbunden, da dem Unternehmen die finanzielle und wirtschaftliche Lage all seiner Kunden nicht bekannt sein dürfte. Mit einer gewissen Wahrscheinlichkeit ist aber mit Forderungsausfällen zu rechnen. In diesen Fällen kommt die Pauschalbewertung (= Pauschalwertberichtigung oder Delkredere) von Forderungen aus Lieferungen und Leistungen zur Anwendung. Bei der Pauschalbewertung von Forderungen aus Lieferungen und Leistungen wird der Forderungsbestand, der nach Abtrennung der uneinbringlichen und zweifelhaften Kundenforderungen verbleibt, mit einem bestimmten Ausfall-Prozentsatz multipliziert und sodann dieser Betrag direkt (= aktivisch) als Aufwand (= Abschreibungen) gebucht, sofern eine voraussichtlich dauernde Wertminderung vorliegt. Diese Wertminderung muss sich auf die Gesamtheit des wertzuberichtigenden Bestands beziehen. Zu beachten ist, dass bei der Schätzung des voraussichtlichen Ausfallbetrages, Abschreibungen nur hinsichtlich der Nettoforderungsbeträge zulässig sind. Die Umsatzsteuer wird gemäß § 17 Abs. 1 Satz 1 UStG i.V.m. § 17 Abs. 2 Nr. 1 UStG erst bei einem tatsächlichen Ausfall der Forderung berichtigt. Fallen die Gründe für die gebuchte Teilwertabschreibung später weg, muss der Steuerpflichtige eine entsprechende erfolgswirksame Zuschreibung vornehmen (§ 6 Abs. 1 Nr. 2 Satz 3 i.V.m. § 6 Abs. 1 Nr. 1 Satz 4 EStG).

Leitsatz 16

Forderungen aus Lieferungen und Leistungen

Forderungen aus Lieferungen und Leistungen gehören zum **Umlaufvermögen**. Man unterscheidet **kurzfristige, mittelfristige** oder **langfristige Forderungen**, Forderungen in **inländischer** oder **ausländischer Währung** sowie **vollwertige, zweifelhafte** und **uneinbringliche** Forderungen. Forderungen sind mit den **Anschaffungskosten** (= Nennwert) oder dem **Teilwert** zu bilanzieren, sofern dieser voraussichtlich dauerhaft niedriger ist. Fallen die Gründe für eine Teilwertabschreibung später weg bzw. ist der Teilwert gegenüber den Anschaffungskosten nicht mehr dauerhaft gemindert, besteht ein **striktes Wertaufholungsgebot**.

Fall 36

Gewerbetreibender X liefert am 10.11.01 an den Großabnehmer Y Holzstühle für 200.000 € (netto) auf Ziel. Zum Bilanzstichtag 31.12.01 steht sicher fest, dass die Forderung als vollständig „verloren" anzusehen ist.

Wie sieht die bilanzsteuerrechtliche Lösung zum 31.12.01 aus?

Gemäß § 6 Abs. 1 Nr. 2 Satz 2 EStG darf eine Teilwertabschreibung auf die Nettoforderung vorgenommen werden, da eine voraussichtlich dauernde Wertminderung vorliegt. Gleichzeitig muss gemäß § 17 Abs. 1

Satz 1 UStG i.V.m. § 17 Abs. 2 Nr. 1 UStG die Umsatzsteuer korrigiert werden:

Teilwertabschreibung auf				
Forderung Y	200.000 €			
Umsatzsteuer	38.000 €	an	Forderung Y	238.000 €

Fall 37

Gewerbetreibender X (aus Fall 36) hat zum 31.12.01 eine weitere Forderung gegenüber der Z-AG i.H.v. 71.400 €. Wegen unerwarteter Zahlungsausfälle ist die Z-AG im Laufe des Wirtschaftsjahres notleidend geworden. X rechnet damit, dass mit an Sicherheit grenzender Wahrscheinlichkeit die Forderung nur noch zu 50 % bedient werden kann.

Bilanzsteuerrechtliche Lösung zum 31.12.01?

Zum 31.12.01 ist eine Teilwertabschreibung auf die Nettoforderung i.H.v. 50 % zulässig, da mit überwiegender Wahrscheinlichkeit nur mit einem Zahlungseingang i.H.v. 50 % gerechnet werden kann; BMF-Schreiben vom 02.09.2016 - IV C 6 - S 2171 - b/09/10002:002, BStBl. I 2016, S. 995, Rz. 14:

Dubiose	71.400 €	an	Forderungen Z-AG	71.400 €
Teilwertabschreibung	30.000 €	an	Dubiose	30.000 €

3 Wertpapiere

Unter dem Steuerbilanzposten „Wertpapiere des Umlaufvermögens" werden jene Wertpapiere bilanziert, die zur **vorübergehenden Kapitalanlage** gehalten werden. Im Einzelnen kann es sich hierbei um **festverzinsliche Wertpapiere** oder **Dividendenpapiere** handeln. Die Zugangsbewertung erfolgt i.d.R. zu Anschaffungskosten; § 6 Abs. 1 Nr. 2 Satz 1 EStG. Ist der Teilwert aufgrund einer voraussichtlich dauernden Wertminderung niedriger, so darf nach § 6 Abs. 1 Nr. 2 Satz 2 EStG eine Teilwertabschreibung vorgenommen werden. Bei später wieder steigenden Kursen ist gemäß § 6 Abs. 1 Nr. 2 Satz 3 i.V.m. § 6 Abs. 1 Nr. 1 Satz 4 EStG eine entsprechende Zuschreibung vorzunehmen.

Lektion 5: Das Eigenkapital als Saldogröße

1 Zusammensetzung und Änderung des Eigenkapitals

Das Eigenkapitalkonto nimmt in der Bilanz eine Ausnahmestellung ein. Zum einen finden alle erfolgswirksamen Geschäftsvorfälle durch die Übernahme des Gewinns oder Verlusts aus dem GuV-Konto Eingang in das Eigenkapitalkonto. Zum anderen wird die Höhe des Eigenkapitals auch durch erfolgsneutrale Vorgänge geändert. Dies sind bei Einzelunternehmen und Personengesellschaften Einlagen und Entnahmen. Von Einlagen (§ 4 Abs. 1 Satz 8 EStG) spricht man, wenn ein Gesellschafter des Unternehmens Geld oder Sachgüter aus seinem Privatvermögen in das Betriebsvermögen überführt. Entnahmen (§ 4 Abs. 1 Satz 2 EStG) liegen dann vor, wenn ein Gesellschafter des Unternehmens Geld, Nutzungen oder Sachgüter in sein Privatvermögen überführt. Zu den Entnahmen zählt auch die Bezahlung privater Ausgaben des Gesellschafters über ein betriebliches Geldkonto. Der BFH hat bezüglich der Einlagen in einem grundlegenden Beschluss (BFH-Beschluss vom 26.10.1987, GrS 2/86, BStBl. II 1988, S. 348–357) festgehalten, dass nur Wirtschaftsgüter einlagefähig sind.

▰ Fall 38
X gewährt seiner GmbH ein Darlehen. Er verzichtet jedoch auf Zinsen. Liegt eine Einlage vor?

Die GmbH hat durch die Unverzinslichkeit eindeutig einen Vorteil, nämlich die kostenlose Nutzung fremden Vermögens, erhalten. Da dieser Nutzungsvorteil jedoch kein Wirtschaftsgut darstellt, liegt keine steuerlich relevante Einlage vor. X hat eben nicht Barvermögen in die GmbH eingelegt, sondern nur die Nutzungsmöglichkeit, und diese stellt kein Wirtschaftsgut dar, vgl. auch H 8.9 KStH (Stichwort: Nutzungsvorteile).

▰ Fall 39
X gewährt für ein Jahr seiner GmbH ein endfälliges Darlehen. Als Zinssatz sind (angemessene) 7 % vereinbart. Nach Ablauf eines halben Jahres verzichtet X jedoch auf alle bisher aufgelaufenen und künftigen Zinsen. Liegt eine Einlage vor?

Ja und Nein. Für die zweite Jahreshälfte gilt das gleiche wie eben in Fall 38. Für die erste Jahreshälfte bestand jedoch bereits eine Zinsforderung bei X sowie eine korrespondierende Zinsverbindlichkeit bei der GmbH. Durch den Verzicht auf diese Forderung hat die GmbH den wirtschaftlichen Vorteil, dass ihr (negatives Wirtschaftsgut) aus gesellschaftsrechtlichen Gründen untergeht. Dieser Vorteil ist bilanziell abbildbar. Die Verbindlichkeit ist auszubuchen; H 8.9 KStH (Stichwort: Einlagefähiger Vermögensvorteil). Als Gegenbuchung wird jedoch kein Ertragskonto, sondern das Eigenkapitalkonto angesprochen.

Während bei Einzel- und Personenunternehmen solche Übertragungen als Einlagen bezeichnet werden, heißen sie bei Kapitalgesellschaften Kapitalerhöhungen. In der Praxis erfolgt die Begriffsverwendung allerdings häufig unpräzise.

Entsprechend werden die Entnahmen bei Kapitalgesellschaften Gewinnausschüttungen genannt, sofern sie aus Gewinnen geleistet werden, die in der abgelaufenen Periode oder in früheren Perioden entstanden sind. Gibt eine Kapitalgesellschaft Gesellschaftern dagegen einen Teil der Mittel zurück, die die Gesellschafter ursprünglich zur Verfügung gestellt hatten, so wird dies als Kapitalherabsetzung bezeichnet.

2 Das Eigenkapital bei Einzelunternehmen

Wegen der mangelnden Übersichtlichkeit ist eine Buchung der Einlagen und Entnahmen direkt über das Eigenkapitalkonto unzweckmäßig. Deshalb wird in der Praxis das Konto Privat eingeführt. Es ist ein Unterkonto des Eigenkapitalkontos und wird über dieses abgeschlossen. Das Unterkonto folgt im Formalismus dem Hauptkonto: Einlagen (Zugänge) werden im Haben und Entnahmen (Abgänge) im Soll gebucht. Da auf dem Privatkonto nur Strömungsgrößen gebucht werden, enthält es keinen Anfangs- und keinen Endbestand.

■ Fall 40
Die Steuerbilanz des Einzelunternehmers X weist zum 31.12.01 ein Eigenkapital i.H.v. 50.000 € aus. Im Wirtschaftsjahr 02 erzielt das Einzelunternehmen einen Gewinn i.H.v. 60.000 €. Am 02.01.02 und am 02.07.02 entnimmt X jeweils 20.000 € aus der Kasse, um seinen Lebensunterhalt zu bestreiten. Am 15.09.02 geht eine Einkommensteuererstattung (2.000 €)

auf dem betrieblichen Bankkonto ein. Am 03.12.02 legt X seinen zwei Jahre alten, bislang privat genutzten Pick-up in das Einzelunternehmen ein (Marktwert 37.000 € netto). Buchen Sie die folgenden Geschäftsvorfälle und schließen Sie das Privatkonto ab.

Während Ihnen die beiden Barentnahmen keine Probleme bereiten sollten, sind die Einlagen kniffliger. Bedenken Sie, dass die Einkommensteuer eine private Ausgabe des X ist (§ 12 Nr. 3 EStG). Würde er sie vom betrieblichen Bankkonto bezahlen, wäre dies praktisch eine Entnahme, um private Schulden zu begleichen. Analog ist eine Einkommensteuererstattung auch sein Privatvermögen. Landet das Geld auf dem betrieblichen Bankkonto, liegt folglich eine Bareinlage vor. Die Einlage des PKW ist eine Sacheinlage. Die Bewertung von Sacheinlagen und Sachentnahmen erfolgt gemäß § 6 Abs. 1 Nrn. 4 und 5 EStG i.d.R. zum Teilwert (bitte lesen).

02.01.02:	Privat	20.000	an	Kasse	20.000	(Entnahme)
02.07.02:	Privat	20.000	an	Kasse	20.000	(Entnahme)
15.09.02:	Bank	2.000	an	Privat	2.000	(Einlage)
03.12.02:	Fahrzeuge	37.000	an	Privat	37.000	(Einlage)

Am Abschlussstichtag ergibt sich auf dem Privatkonto ein Habensaldo i.H.v. 1.000 €. Er wird über das Eigenkapitalkonto abgeschlossen:

Eigenkapitalkonto	1.000	an Privat	1.000

Wenn auch das GuV-Konto abgeschlossen wird (GuV-Konto an Eigenkapitalkonto 60.000 €), stehen im Eigenkapitalkonto nur vier Zahlen:

– Der Anfangsbestand zum 01.01.02 (50.000 €),

– ein Zugang (Gewinn 60.000 €),

– ein Abgang (Saldo des Privatkontos 1.000 €)

– und der Endbestand zum 31.12.02 (109.000 €),

der dann in das Schlussbilanzkonto gebucht wird. Damit ist das Eigenkapitalkonto dank des Unterkontos Privat recht übersichtlich strukturiert.

3 Das Eigenkapital bei Personengesellschaften

Personengesellschaften sind keine Rechtspersonen. Daher steht der Gewinn, der erzielt wird, nicht ihnen, sondern den Gesellschaftern zu (Transparenzprinzip; Ausnahme bei der Option nach § 1a KStG). Er ist unter ihnen aufzuteilen. Die Bilanzposition Eigenkapital wird deshalb zerlegt: Jeder Gesellschafter erhält sein eigenes Eigenkapitalkonto. Die Eigenkapitalkonten werden – analog zum Einzelunternehmen – direkt vom Periodenerfolg beeinflusst. Das heißt, die Personengesellschaft wird steuerlich weitgehend transparent (durchsichtig) behandelt. Steuersubjekt der Personensteuern sind die Gesellschafter mit ihren Gewinnanteilen.

Der Gesetzgeber hat zwar in § 121 HGB (für die OHG) bzw. in den §§ 167 bis 169 HGB (für die KG) eine Gewinnverteilung vorgeschlagen. Diese Normen stellen aber lediglich dispositives Recht dar. In der Praxis wird die Erfolgsbeteiligung fast immer explizit im Gesellschaftsvertrag vereinbart. Steuerlich folgt die Finanzverwaltung in aller Regel dem Gewinnverteilungsschlüssel der Gesellschafter. Ausnahmen bestehen zum Beispiel bei Familiengesellschaften, sofern die Gewinnverteilung unüblich ist.

Am einfachsten ist es, wenn der Erfolg nach den Eigenkapitalkonten geschlüsselt würde. Durch verschiedene Einlagen und Entnahmen der Gesellschafter würden sich aber die Schlüsselungen ständig ändern. Denken Sie über diesen Satz kurz nach! Daher wird in Gesellschaftsverträgen häufig vereinbart, dass die Gewinnbeteiligungen nach der ursprünglich vereinbarten Höhe der Eigenkapitalanteile bemessen werden. Darüber hinaus erfolgende Einlagen und Entnahmen werden nur noch zu einem vereinbarten Satz, z.B. 4 %, verzinst. Hierfür wird der Eigenkapitalanteil eines Gesellschafters in zwei Positionen festgehalten:

> Ein sogenanntes **festes Kapitalkonto** oder **Kapitalkonto I** misst die ursprünglich vereinbarte Beteiligung am Eigenkapital und dient als Bemessungsgrundlage für die Gewinnverteilung. Wie der Name sagt, ändert sich seine Höhe im Zeitablauf nicht.
>
> In einem zusätzlichen **variablen Kapitalkonto** oder **Kapitalkonto II** wird der veränderliche Teil des Eigenkapitalanteils jedes Gesellschafters festgehalten. Gewinnanteile und nachträgliche Einlagen erhöhen den Stand dieses Kontos, Verlustanteile und Entnahmen mindern ihn.

Bei der Buchung des Eigenkapitals von Kommanditisten einer KG ist zu beachten, dass ihr bilanziertes Eigenkapital konstant ist und i.d.R. dem im Handelsregister eingetragenen entspricht. Daher wird ihr Anteil am Gewinn nicht dem Eigenkapitalkonto gutgeschrieben, sondern – solange er nicht entnommen wurde – als sonstige Verbindlichkeit der KG gegenüber dem Gesellschafter bilanziert.

Damit ist zunächst festzuhalten, dass sich bezüglich des Eigenkapitalausweises zwischen Handels- und Steuerbilanz keine Unterschiede ergeben. Dennoch gibt es einige steuerliche Besonderheiten. Sie betreffen zum einen die sogenannten Ergänzungsbilanzen, in denen Korrekturen der Eigenkapitalkonten einzelner oder mehrerer Gesellschafter ausgewiesen werden sowie die sogenannten Sonderbilanzen, die Wirtschaftsgüter ausweisen, die nicht allen Gesellschaftern zur gesamten Hand gehören. Dazu kommen wir aber erst in den Lektionen 9 bis 11. Freuen Sie sich darauf!

4 Das Eigenkapital bei Kapitalgesellschaften

Kapitalgesellschaften haben im Unterschied zu Personengesellschaften eine eigene Rechtspersönlichkeit. Sie sind juristische Personen. Die Haftung der Gesellschafter ist daher grundsätzlich auf das Gesellschaftsvermögen beschränkt. Zu den Kapitalgesellschaften zählen insbesondere die Aktiengesellschaft (AG) und die Gesellschaft mit beschränkter Haftung (GmbH). Die KGaA als dritte Form taucht selten (z.B. im Profifußball) auf.

> Haben Sie einmal darüber nachgedacht, dass der Name „Gesellschaft mit beschränkter Haftung" eigentlich irreführend ist? Natürlich haftet die GmbH unbeschränkt mit ihrem gesamten Vermögen. Beschränkt haften vielmehr ihre Gesellschafter. Es müsste daher besser „Gesellschaft mit beschränkt haftenden Gesellschaftern" heißen.
>
> Kapitalgesellschaften besitzen ein der Höhe nach fixiertes Mindestkapital (das **Gezeichnete Kapital**), das eine gesetzlich bestimmte Grenze nicht unterschreiten darf (50.000 € bei der AG, 25.000 € bei der GmbH). Das Gezeichnete Kapital der AG bezeichnet man als **Grundkapital**, das der GmbH als **Stammkapital**. Vernachlässigt man Kapitalrücklagen, so setzt sich das Eigenkapital einer Kapitalgesellschaft aus Gezeichnetem Kapital (fixe Größe) und Gewinnrücklagen (variable Größe) zusammen (§ 266 Abs. 3 A. HGB).

■ Fall 41

Die X-GmbH hat im Geschäftsjahr 01 einen handelsrechtlichen Jahresüberschuss i.H.v. 200.000 € erzielt. X hat das GuV-Konto erstellt und will es nunmehr abschließen. Wie lautet die Buchung?

Wurde ein Jahresüberschuss erzielt, so wird der Saldo des GuV-Kontos zunächst auf das Eigenkapitalkonto Jahresüberschuss gebucht. Da die Kapitalgesellschaft eine eigene Rechtsperson ist, ist dies auch ihr Gewinn. Damit aus dem Gewinn der X-GmbH eine Dividende (Gewinnausschüttung) an die Gesellschafter wird, muss die Gesellschafterversammlung über die Gewinnverwendung beschließen (Trennungsprinzip). Zu Beginn des neuen Wirtschaftsjahres erfolgt daher zunächst eine Umbuchung auf das Konto Gewinnverwendung, das ein Unterkonto des Eigenkapitalkontos ist.

| 31.12.01: | GuV-Konto 200.000 | an | Jahresüberschuss | 200.000 |
| 01.01.02: | Jahresüberschuss 200.000 | an | Gewinnverwendung | 200.000 |

Weiter mit Fall 41: Die Gesellschafterversammlung beschließt am 21.04.02, dass 50 % des Jahresüberschusses aus 01 ausgeschüttet werden sollen. Das Konto Gewinnverwendung wird aufgelöst, nachdem die Gesellschafterversammlung über die Gewinnverwendung entschieden hat:

Wird der Gewinn in voller Höhe einbehalten (thesauriert), so findet ein Passivtausch statt. Das Konto Gewinnverwendung verringert sich um den Thesaurierungsbetrag, das Konto Gewinnrücklagen nimmt um diesen Betrag zu.

Erfolgt eine vollständige Ausschüttung, so findet eine Bilanzverkürzung statt. Zum einen wird das Eigenkapital durch die Minderung des Unterkontos Gewinnverwendung gemindert, zum anderen wird ein Geldkonto (an Bank) des Unternehmens verringert.

Kommt es, wie hier, zu einer teilweisen Thesaurierung, so liegen Passivtausch und Bilanzverkürzung gemeinsam vor.

21.04.02:	Gewinnverwendung 200.000	an	Bank	100.000
			Gewinnrücklagen	100.000

Die Gewinnrücklagen enthalten somit die nicht ausgeschütteten Jahresüberschüsse früherer Wirtschaftsjahre.

Steuerlich ist der Unterschied zwischen Gewinnrücklagen und Gezeichnetem Kapital sehr wichtig. Wird eine Zahlung an die Gesellschafter gegen die Gewinnrücklagen gebucht (Normalfall), liegt eine Dividende vor, die bei der Gesellschaft dazu führt, dass sie 25% Kapitalertragsteuer zu Lasten der Dividende des Gesellschafters an den Fiskus abführen muss. Sofern er nicht dem Teileinkünfteverfahren unterliegt, ist seine Steuerpflicht mit der Kapitalertragsteuer abgegolten (das ist dann die sogenannte Abgeltungsteuer). Bei Buchung der Zahlung gegen das Gezeichnete Kapital läge eine Kapitalherabsetzung vor, die grundsätzlich nicht der Steuerpflicht unterliegt, dafür aber eine Reihe von gesellschaftsrechtlichen Folgen aufwirft. Das ist aber ein anderes Thema ...

Lektion 6: Bilanzierung der steuerfreien Rücklagen

Steuerfreie Rücklagen, besser steuerstundende Rücklagen, sind gesondert ausgewiesene Teile des Eigenkapitals. Sie führen nicht zu einer endgültigen Steuerersparnis, sondern nur zu einer Steuerstundung. Sie werden dann gebildet, wenn in bestimmten Fällen aufgedeckte stille Reserven nicht sofort als Ertrag gebucht, sondern auf andere Wirtschaftsgüter übertragen werden. Ist die Übertragung nicht im gleichen Wirtschaftsjahr möglich, so dürfen die aufgedeckten stillen Reserven auf das passive Bestandskonto „steuerfreie Rücklage" umgebucht werden. Steuerfreie Rücklagen führen damit zunächst zu unversteuerten Gewinnen. Sie stellen in Höhe des Steueranteils Fremdkapital und in Höhe des verbleibenden Betrags Eigenkapital dar. Ihre Buchung bewirkt für das bilanzierende Unternehmen Zins- und Liquiditätsvorteile. Folgende steuerfreie Rücklagen sollen im Folgenden näher dargestellt werden:

▶ Zuschussrücklage nach R 6.5 EStR

▶ Rücklage für Ersatzbeschaffung nach R 6.6 EStR

▶ Reinvestitionsrücklage nach § 6b EStG

1 Zuschussrücklage nach R 6.5 EStR

Echte Zuschüsse gemäß R 6.5 EStR sind einmalige oder wiederkehrende Zuwendungen, die ohne Rückzahlungsverpflichtung von öffentlicher oder privater Seite gewährt werden, ohne dass ein unmittelbarer wirtschaftlicher Zusammenhang mit einer Leistung des Zuschussempfängers feststellbar ist. Gemäß R 6.5 Abs. 1 Satz 1 EStR muss der Zuschussgeber den Vermögensvorteil zur Förderung eines – zumindest auch – in seinem Interesse liegenden Zwecks dem Zuschussempfänger zuwenden. Werden Zuschüsse zur Verbesserung der Ertragskraft eines Unternehmens gewährt (= Ertragszuschüsse), sind diese als Betriebseinnahmen zu buchen. Dagegen besteht bei Zuschüssen, die als Anreiz für bestimmte Investitionen gegeben werden (= Kapitalzuschüsse bzw. Investitionszuschüsse) in der doppelten Buchführung ein Wahlrecht (R 6.5 Abs. 2 EStR). Der Steuerpflichtige kann die Zuschüsse als Betriebseinnahmen buchen; in diesem Fall werden die Anschaffungs- oder Herstellungskosten der betreffenden Wirtschaftsgüter durch die Zuschüsse nicht berührt. Er kann aber auch die Zuschüsse erfolgsneutral buchen; in diesem Fall dürfen die Anlagegüter, für die die Zuschüsse gewährt worden sind, nur mit den Anschaffungs- oder Herstellungskosten bewertet werden, die der Steuerpflichtige selbst, also ohne Berücksichtigung der Zuschüsse aufgewendet hat; R 6.5 Abs. 2 Sätze 1 bis 3 EStR. Sie wirken dann wie Rabatte.

Werden Kapitalzuschüsse gewährt, die erfolgsneutral behandelt werden sollen, wird aber das Anlagegut ganz oder teilweise erst in einem auf die Gewährung des Zuschusses folgenden Wirtschaftsjahr angeschafft oder hergestellt, so kann der Steuerpflichtige in Höhe der noch nicht verwendeten Zuschussbeträge eine steuerfreie Rücklage bilden, die dann im Wirtschaftsjahr der Anschaffung oder Herstellung auf das Anlagegut zu übertragen ist; R 6.5 Abs. 4 Satz 1 EStR.

Werden Zuschüsse gewährt, die erfolgsneutral behandelt werden sollen, erst nach der Anschaffung oder Herstellung von Anlagegütern gewährt, so sind sie nachträglich vom Buchwert des Anlagegutes abzusetzen. Die weitere Abschreibung bemisst sich dann nach dem um den Zuschussbetrag geminderten Buchwert des Anlagegutes; R 6.5 Abs. 3 Satz 1 EStR i.V.m. R 7.3 Abs. 4 Satz 2 EStR.

Stehen Zuschüsse in unmittelbarem wirtschaftlichen Zusammenhang mit einer Leistung des Zuschussempfängers (= unechter Zuschuss), so sind diese in der doppelten Buchführung als Ertrag zu buchen. Investitionszulagen stellen keine Zuschüsse dar; H 6.5 EStH (Stichwort: Investitionszulagen). Die hier zu buchende Betriebseinnahme ist bei der Ermittlung des steuerlichen Periodenergebnisses wieder außerbilanziell zu kürzen, um den Vorteil steuerfrei zu gewähren.

■ Fall 42

X kauft am 09.12.01 eine Maschine für 1.800.000 € zuzüglich USt. Die Maschine, die am 12.01.02 geliefert wird, hat eine Nutzungsdauer von zehn Jahren und soll linear abgeschrieben werden. Am 14.04.02 geht ein Zuschuss aus öffentlichen Mitteln i.H.v. 800.000 € auf dem Bankkonto des X ein. Der Zuschuss soll erfolgsneutral behandelt werden. Welche Buchungen fallen bei der Anschaffung, bei Eingang des Zuschusses und am Ende des Anschaffungsjahres an? Wie lautet der Steuerbilanzansatz der Maschine am 31.12.02?

Lektion 6: Bilanzierung der steuerfreien Rücklagen

12.01.02
Maschine	1.800.000 €			
Vorsteuer	342.000 €	an	Verbindlichkeiten	2.142.000 €

14.04.02
Bank	800.000 €	an	Maschine	800.000 €

(R 6.5 Abs. 2 Satz 3 EStR)

31.12.02
AfA	100.000 €	an	Maschine	100.000 €

(§ 7 Abs. 1 Sätze 1, 2 und 4 EStG und R 7.3 Abs. 4 Satz 2 EStR)

Steuerbilanzansatz der Maschine zum 31.12.02: 900.000 €

Fall 43

X kauft und erhält am 02.07.01 eine technische Anlage für 5.500.000 € zuzüglich USt. Die technische Anlage soll über zehn Jahre linear abgeschrieben werden. Am 07.01. des Folgejahres geht zu dieser Investition ein Zuschuss aus öffentlichen Mitteln i.H.v. 1.500.000 € auf dem Bankkonto des X ein. Der Zuschuss soll erfolgsneutral behandelt werden. Welche Buchungen fallen bei der Anschaffung am 02.07.01, am Ende des Anschaffungsjahres, am 07.01. des Folgejahres und am Ende des Folgejahres an? Mit welchem Wert steht die technische Anlage am 31.12.01 und am 31.12.02 in der Steuerbilanz?

Jahr 01:

02.07.01
Techn. Anlagen	5.500.000 €			
Vorsteuer	1.045.000 €	an	Verbindlichkeiten	6.545.000 €

31.12.01
AfA	275.000 €	an	Techn. Anlagen	275.000 €

(§ 7 Abs. 1 Sätze 1, 2 und 4 EStG)

Steuerbilanzansatz der technischen Anlage zum 31.12.01: 5.225.000 €

Jahr 02:

07.01.02				
Bank	1.500.000 €	an	Techn. Anlagen	1.500.000 €
31.12.02				
AfA	392.105 €	an	Techn. Anlagen	392.105 €

Nebenrechnung (Berücksichtigung von R 7.3 Abs. 4 Satz 2 EStR):

   5.225.000 €
./. 1.500.000 €
= 3.725.000 €: 9,5 Jahre = 392.105 € Jahres-AfA

Steuerbilanzansatz der technischen Anlage zum 31.12.02: 3.332.895 €

Fall 44

X erhält den in Fall 43 angeführten Zuschuss nicht erst im Folgejahr, sondern bereits im Jahr vor der Lieferung und Inbetriebnahme der technischen Anlage (Nutzungsdauer: zehn Jahre, lineare Abschreibung). Der vorzeitig eingehende Zuschuss soll nicht zu einer steuerpflichtigen Betriebseinnahme führen. Wie ist der Zuschuss bei Eingang auf dem Bankkonto und später bei Anschaffung der technischen Anlage zu buchen?

Jahr 00:

Bank	1.500.000 €	an	sonst. betr. Erträge	1.500.000 €
Sonst. betr. Aufwendungen	1.500.000 €	an	steuerfreie Rücklage (gemäß R 6.5 EStR)	1.500.000 €

Jahr 01:

Techn. Anlagen	5.500.000 €			
Vorsteuer	1.045.000 €	an	Verbindlichkeiten	6.545.000 €
Steuerfreie Rücklage (gemäß R 6.5 EStR)	1.500.000 €	an	sonst. betr. Erträge	1.500.000 €
Abschreibungen	1.500.000 €	an	Techn. Anlagen	1.500.000 €
AfA	200.000 €	an	Techn. Anlagen	200.000 €

Nebenrechnung:

Technische Anlagen	5.500.000 €
./. Zuschuss	1.500.000 €
= AfA-Bemessungsgrundlage	4.000.000 €: **10 Jahre** = 400.000 € Jahres-AfA

(Hinweis: In 01 darf nur die halbe Jahres-AfA angesetzt werden, vgl. § 7 Abs. 1 Satz 4 EStG)

Steuerbilanzansatz der technischen Anlage zum 31.12.01: 3.800.000 €

Fall 45
X erhält aus öffentlichen Mitteln einen Zuschuss i.H.v. 500.000 € infolge der dem Unternehmen durch Hochwasser entstandenen Umsatzeinbußen.

Wie sieht die bilanzsteuerrechtliche Lösung aus?

Zuschüsse, die zur Verbesserung der Ertragskraft eines Unternehmens gewährt werden, sind Betriebseinnahmen. Ertragszuschüsse sind immer **gewinnerhöhend** zu buchen; BFH vom 17.09.1987 - III R 225/83, BStBl. II 1988, S. 324:

Bank	500.000 €	an	sonst. betr. Erträge	500.000 €

Fall 46
X hat ein Aggregat (Nutzungsdauer zehn Jahre) für 2.000 € zuzüglich USt am 03.01.01 angeschafft und erhält noch im Jahr der Anschaffung einen Zuschuss aus öffentlichen Mitteln i.H.v. 1.900 €. Der Zuschuss soll erfolgsneutral behandelt werden. Welche Buchungen ergeben sich bei X?

Aggregat	2.000 €			
Vorsteuer	380 €	an	Verbindlichkeiten	2.380 €
Bank	1.900 €	an	Aggregat	1.900 €

(R 6.5 Abs. 2 Satz 3 EStR)

Durch den Zuschuss betragen die Anschaffungskosten des Aggregats noch nur 100 €. Daher können sie als GWG und damit als Betriebsausgabe in voller Höhe aufwandswirksam gebucht werden (§ 6 Abs. 2 Satz 1 EStG).

Folgende Umbuchung kann daher vorgenommen werden:

GWG	100 €	an	Aggregat	100 €
AfA (GWG)	100 €	an	GWG	100 €

Leitsatz 17

Zuschussrücklage

Ein Zuschuss ist ein Vermögensvorteil, den ein Zuschussgeber zur Förderung eines – zumindest auch – in seinem Interesse liegenden Zwecks dem Zuschussempfänger zuwendet. Zuschüsse können beim Zuschussempfänger entweder als **Ertrag** oder **erfolgsneutral** gebucht werden. Zuschüsse werden in der Praxis im Voraus, im Jahr der Anschaffung des Anlagegutes oder nachträglich gewährt. **Investitionszulagen** sind keine Zuschüsse. Sie werden mit Zahlungseingang als **Betriebseinnahme** gebucht und **außerbilanziell korrigiert**.

2 Rücklage für Ersatzbeschaffung nach R 6.6 EStR

Fall 47

Im Betriebsvermögen des X befindet sich eine Maschine, deren Buchwert 1.100.000 € beträgt. Sie wird durch einen Blitzeinschlag mit Hagel zerstört. Die Versicherung zahlt an X eine Entschädigung i.H.v. 1.300.000 €. Sie entspricht dem Marktwert einer gleichwertigen Ersatzmaschine. Wie wäre der Fall zu buchen?

Zunächst ist die Maschine außerplanmäßig abzuschreiben:

AfaA	1.100.000 €	an	Maschine	1.100.000 €

Dann ist die Entschädigung als Ertrag zu buchen:

Bank	1.300.000 €	an	sonstige betr. Erträge	1.300.000 €

Damit hat das Unternehmen einen Gewinn i.H.v. 200.000 € auszuweisen und zu versteuern. Unterstellt man z.B. einen Steuersatz i.H.v. 30%, wären somit 60.000 € an den Fiskus zu zahlen. Somit hat das Unternehmen aber für das Ersatzwirtschaftsgut keine 1.300.000 € mehr zur

Verfügung, sondern lediglich 1.240.000 € und könnte keine gleichwertige Maschine erwerben. X hat also ein Problem.

Scheidet ein Wirtschaftsgut des Anlage- und/oder Umlaufvermögens infolge höherer Gewalt oder infolge bzw. zur Vermeidung eines behördlichen Eingriffs aus dem Betriebsvermögen aus und erhält der Unternehmer dafür einen Ersatzanspruch, so kann durch Aufdeckung stiller Reserven ein Gewinn entstehen. Müsste der Unternehmer diesen Gewinn versteuern, so könnte er ggf. keine adäquate Ersatzbeschaffung mehr vornehmen. Dies wäre ökonomisch unerwünscht. Rechtsprechung und Finanzverwaltung erlauben daher im Billigkeitsweg, den Gewinn nicht zu versteuern, sofern der Unternehmer innerhalb einer bestimmten Frist ein der Art nach funktionsgleiches Ersatzwirtschaftsgut anschafft oder herstellt, auf dessen Anschaffungs- oder Herstellungskosten er die aufgedeckten stillen Reserven überträgt.

> Die Rücklage für Ersatzbeschaffung hat bis heute keine gesetzliche Regelung erfahren. Es handelt sich hierbei um **steuerliches Gewohnheitsrecht**. Ihre Bildung dient dem Zweck, die Besteuerung der in dem ausgeschiedenen Wirtschaftsgut ggf. enthaltenen stillen Reserven für den Zeitraum zu vermeiden, der zwischen dem Ausscheiden des alten Wirtschaftsguts und dem Zeitpunkt der Anschaffung oder Herstellung des Ersatzwirtschaftsguts liegt.

Die aufgedeckten stillen Reserven können nur dann auf neu angeschaffte oder hergestellte Wirtschaftsgüter übertragen werden, wenn gemäß R 6.6 EStR i.V.m. H 6.6 EStH die folgenden fünf Voraussetzungen kumulativ erfüllt sind:

▶ Der Steuerpflichtige muss zum begünstigten Personenkreis gemäß R 6.6 EStR gehören.

▶ Durch das Ausscheiden eines Wirtschaftsguts des Anlage- oder Umlaufvermögens aus dem Betriebsvermögen des Steuerpflichtigen gegen Entschädigung muss es zur Aufdeckung stiller Reserven kommen; R 6.6 Abs. 1 Satz 1 und 2 Nr. 1 EStR.

▶ Das Ausscheiden des Wirtschaftsguts muss infolge höherer Gewalt oder infolge bzw. zur Vermeidung eines behördlichen Eingriffs, also unfreiwillig, erfolgen.

▶ Die Übertragung einer stillen Reserve auf die Anschaffungs- oder Herstellungskosten eines funktionsgleichen Wirtschaftsguts (= Ersatzwirtschaftsgut; R 6.6 Abs. 1 Satz 2 Nr. 2 EStR) muss fristgerecht erfolgen.

▶ Wegen der Abweichung von der Handelsbilanz muss das angeschaffte oder hergestellte Wirtschaftsgut in ein besonderes, laufend zu führendes Verzeichnis aufgenommen werden; R 6.6 Abs. 1 Satz 2 Nr. 3 EStR.

Zum Kreis der begünstigten Personen, die eine Rücklage für Ersatzbeschaffung bilden dürfen, zählen Steuerpflichtige, die ihren Gewinn durch Betriebsvermögensvergleich ermitteln. Für Steuerpflichtige, die ihren Gewinn gemäß § 4 Abs. 3 EStG durch eine Einnahmenüberschussrechnung ermitteln, gilt die spezielle Regelung der R 6.6 Abs. 5 EStR.

Grundvoraussetzung für die Anwendung der R 6.6 EStR ist, dass es durch das Ausscheiden eines Wirtschaftsguts des Anlage- oder Umlaufvermögens zur Aufdeckung einer stillen Reserve kommt. Bei einer stillen Reserve handelt es sich um den Unterschiedsbetrag zwischen dem höheren Zeitwert und dem niedrigeren Buchwert des Wirtschaftsguts. Aufgedeckt wird eine stille Reserve durch Veräußerung oder Entnahme des Wirtschaftsguts aus dem Betriebsvermögen. Die aufgedeckte stille Reserve stellt eine Betriebseinnahme dar, die normalerweise den betrieblichen Gewinn erhöht und versteuert werden müsste. Zur Vermeidung von wirtschaftlichen Härten wird im Rahmen der R 6.6 EStR auf die sofortige Ertragsbesteuerung der aufgedeckten stillen Reserven verzichtet, wenn ein Wirtschaftsgut unfreiwillig infolge höherer Gewalt oder infolge bzw. zur Vermeidung eines behördlichen Eingriffs gegen Entschädigung aus dem Betriebsvermögen ausscheidet.

Eine Entschädigung im Sinne von R 6.6 Abs. 1 EStR liegt nur vor, soweit diese für das aus dem Betriebsvermögen ausgeschiedene Wirtschaftsgut als solches und nicht für Schäden gezahlt worden ist, die die Folge des Ausscheidens aus dem Betriebsvermögen sind (z.B. Entschädigungen für künftige Nachteile beim Wiederaufbau). Leistungen einer Betriebsunterbrechungsversicherung, soweit diese die Mehrkosten für die beschleunigte Wiederbeschaffung eines durch Brand zerstörten Wirtschaftsguts übernimmt, sind Entschädigungen im Sinne von R 6.6 Abs. 1 EStR; H 6.6 Abs. 1 EStH (Stichwort: Entschädigung).

Höhere Gewalt liegt vor, wenn das Wirtschaftsgut infolge von Elementarereignissen wie beispielsweise Brand, Sturm oder Hochwasser sowie durch andere unabwendbare Ereignisse wie beispielsweise Diebstahl oder unverschuldeten Unfall aus dem Betriebsvermögen ausscheidet (R 6.6 Abs. 2 Satz 1 EStR). **Behördliche Eingriffe** sind zu bejahen bei Enteignungen oder beispielsweise bei behördlichen Bauverboten; H 6.6 Abs. 2 EStH (Stichwort: Behördlicher Eingriff).

Wesentliche Voraussetzung für die Übertragung stiller Reserven ist die Anschaffung oder Herstellung eines funktionsgleichen Ersatzwirtschaftsguts. Gemäß H 6.6 Abs. 1 EStH (Stichwort: Ersatzwirtschaftsgut) muss es sich dabei nicht nur um ein der Art nach funktionsgleiches Wirtschaftsgut handeln, sondern es muss auch funktionsgleich genutzt werden. Es muss also wirtschaftlich dieselbe oder eine entsprechende Aufgabe wie das ausgeschiedene Wirtschaftsgut erfüllen. Obwohl Aufgabenidentität und Funktionsgleichheit vorliegen müssen, darf das Ersatzwirtschaftsgut aufgrund technischer Fortentwicklung allerdings ein höheres Leistungspotenzial aufweisen.

Im Normalfall erfolgt die Ersatzbeschaffung nach dem Ausscheiden des Wirtschaftsguts. Sofern das unfreiwillige Ausscheiden und nachfolgend die Ersatzbeschaffung im selben Wirtschaftsjahr erfolgen, wird die aufgedeckte stille Reserve sofort auf das Ersatzwirtschaftsgut übertragen.

Soweit am Schluss des Wirtschaftsjahres, in dem das Wirtschaftsgut aus dem Betriebsvermögen ausgeschieden ist, noch keine Ersatzbeschaffung vorgenommen wurde, kann in Höhe der aufgedeckten stillen Reserven eine steuerfreie Rücklage gebildet werden, wenn zu diesem Zeitpunkt eine Ersatzbeschaffung ernstlich geplant und zu erwarten ist. Die Nachholung der Rücklage für Ersatzbeschaffung in einem späteren Wirtschaftsjahr ist nicht zulässig. Eine Rücklage, die aufgrund des Ausscheidens eines beweglichen Wirtschaftsgutes gebildet wurde, ist am Schluss des ersten auf ihre Bildung folgenden Wirtschaftsjahres gewinnerhöhend aufzulösen, wenn bis dahin ein Ersatzwirtschaftsgut weder angeschafft oder hergestellt noch bestellt worden ist. Die Frist von einem Jahr verlängert sich bei einer Rücklage, die aufgrund des Ausscheidens eines Wirtschaftsgutes i.S.d. § 6b Abs. 1 Satz 1 EStG gebildet wurde, auf vier Jahre; bei neu hergestellten Gebäuden verlängert sich die Frist auf sechs Jahre. Die Frist von einem Jahr kann im Einzelfall angemessen auf bis zu vier Jahre verlängert werden, wenn der Steuerpflichtige glaubhaft macht, dass die Ersatzbeschaffung noch ernstlich geplant und zu erwarten ist, aber aus besonderen Gründen noch nicht durchgeführt werden konnte. Eine Verlängerung auf bis zu sechs Jahre ist möglich, wenn die Ersatzbeschaffung im Zusammenhang mit der Neuherstellung eines Gebäudes i.S.d. Satzes 4 2. Halbsatz erfolgt. Zur Erfüllung der Aufzeichnungspflichten nach § 5 Abs. 1 Satz 2 EStG ist bei der Bildung der steuerfreien Rücklage der Ansatz in der Steuerbilanz ausreichend. Im Zeitpunkt der Ersatzbeschaffung ist die Rücklage durch Übertragung auf die Anschaffungs- oder Herstellungskosten des Ersatzwirtschaftsgutes aufzulösen; R 6.6. Abs. 4 Sätze 1 bis 8 EStR.

Besonders zu beachten ist der Fall einer sogenannten Mehrentschädigung. Scheidet ein Wirtschaftsgut des Anlage- oder Umlaufvermögens infolge höherer Gewalt aus dem Betriebsvermögen aus und wird die für das Ausscheiden eines Wirtschaftsguts erhaltene Entschädigung nicht in voller Höhe zur Beschaffung eines Ersatzwirtschaftsguts verwendet, so dürfen die aufgedeckten stillen Reserven gemäß H 6.6 Abs. 3 EStH (Stichwort: Mehrentschädigung) nur anteilig auf das Ersatzwirtschaftsgut übertragen werden. Der BFH hat in diesem Zusammenhang folgende Formel entwickelt:

$$\frac{\text{Aufgedeckte stille Reserve} \times \text{Anschaffungs- oder Herstellungskosten des Ersatzwirtschaftsguts}}{\text{Entschädigung}} = \text{anteiliger Übertragungsbetrag}$$

Übersicht 11 verdeutlicht, welche Buchungen im Zusammenhang mit einer Rücklage für Ersatzbeschaffung erforderlich sind:

Übersicht 11: Buchungen im Zusammenhang mit R 6.6 EStR

Vorgang	Buchungen
Schadenseintritt	AfaA an Wirtschaftsgut
Eingang der Entschädigung	Bank an sonstige betriebliche Erträge
Bildung der steuerfreien Rücklage	Sonstige betriebliche Aufwendungen an steuerfreie Rücklage
Anschaffung oder Herstellung des Ersatzwirtschaftsguts	Wirtschaftsgut und Vorsteuer an Geldkonto
Auflösung der steuerfreien Rücklage	Steuerfreie Rücklage an sonstige betriebliche Erträge
Übertragung	Abschreibung an Wirtschaftsgut
Bemessungsgrundlage für die planmäßige Abschreibung	Anschaffungs- oder Herstellungskosten ./. Abschreibung

Fall 48

X betreibt als Einzelunternehmerin ein exklusives Einzelhandelsfachgeschäft für hochwertiges Landhausmobiliar in Berlin-Mitte. Sie ermittelt ihren Gewinn nach § 5 EStG. Ihr Wirtschaftsjahr entspricht dem Kalenderjahr. Als Unternehmerin ist X zum vollen Vorsteuerabzug berechtigt. Am 31.03.02 wird der große Spezialtransporter der Einzelunternehmerin durch einen Brand vollständig zerstört. Ein Schrottwert kann nicht mehr erzielt werden. Der Spezialtransporter war in derselben Nacht zuvor mit Landhausmobiliar zum Einstandspreis von 50.000 € beladen worden, das durch den Brand ebenfalls vollständig vernichtet wurde. Am 30.05.02 überwies die Versicherung der Einzelunternehmerin 190.000 €. Davon entfielen auf

- den Spezialtransporter 110.000 €
- das Landhausmobiliar 60.000 €
- den entgangenen Gewinn 20.000 €

Der Spezialtransporter hatte am 31.12.01 einen Buchwert von 40.000 €. Er wurde jährlich mit 10.000 € abgeschrieben. Am 15.01.03 erwirbt (Kauf und Erhalt) X nach langen Preisvergleichen einen neuen Spezialtransporter für 150.000 € zuzüglich Umsatzsteuer. Die Nutzungsdauer veranschlagt sie mit zehn Jahren; es wird linear abgeschrieben. Das verbrannte Landhausmobiliar wurde von ihr bereits am 02.05.02 für 40.000 € zuzüglich Umsatzsteuer ersetzt.

Wie sind die Sachverhalte unter Berücksichtigung von R 6.6 EStR i.V.m. H 6.6 EStH buchhalterisch in den Jahren 02 bis 03 zu erfassen? Alle Zahlungen erfolgten über das betriebliche Bankkonto der X.

Schadenseintritt in 02
AfA	2.500 €	an	Spezialtransporter (alt)	2.500 €
AfaA	37.500 €	an	Spezialtransporter (alt)	37.500 €
AfaA	50.000 €	an	Warenbestand (alt)	50.000 €

Erwerb des neuen Landhausmobiliars noch in 02
Warenbestand (neu)	40.000 €			
Vorsteuer (19%)	7.600 €	an	Bank	47.600 €

Überweisung der Entschädigungssumme durch die Versicherung in 02
Bank	190.000 €	an	sonst. betr. Erträge	190.000 €
Sonst. betr. Aufwendungen	6.667 €	an	Warenbestand (neu)	6.667 €

Nebenrechnung H 6.6 Abs. 3 EStH (Stichwort: Mehrentschädigung):

$$\frac{10.000 \quad \text{(stille Reserve)} \times 40.000 \quad \text{(AK des Ersatz-WG)}}{60.000 \quad \text{(Entschädigung)}} = 6.667$$

Buchungen zum 31.12.02
Für die (noch nicht erfolgte) Ersatzbeschaffung des Transporters kann eine steuerfreie Rücklage gebucht werden. Die Höhe bemisst sich aus der Differenz zwischen Entschädigung (110.000 €) und dem Buchwert im Zeitpunkt des Ausscheidens (40.000 − 2.500 = 37.500 €). Sie beträgt also 72.500 €.

Sonst. betr. Aufwendungen	72.500 €	an	steuerfreie RL (gemäß R 6.6 EStR)	72.500 €

Damit ergibt sich in 01 ein gewinnerhöhender Ertrag i.H.v. 23.333 € (= 20.000 € + 3.333 €).

Anschaffung des neuen Spezialtransporters und Übertragung der stillen Reserven in 03

Spezialtransporter (neu)	150.000 €			
Vorsteuer (19 %)	28.500 €	an	Bank	178.500 €
Steuerfreie RL (gemäß R 6.6 EStR)	72.500 €	an	sonst. betr. Erträge	72.500 €
Sonst. betr. Aufwendungen (= Abschreibung)	72.500 €	an	Spezialtransporter (neu)	72.500 €

Leitsatz 18

Rücklage für Ersatzbeschaffung

Die Gewinnverwirklichung durch Aufdeckung stiller Reserven kann in bestimmten Fällen der Ersatzbeschaffung vermieden werden. Voraussetzung ist, dass ein Wirtschaftsgut des Anlage- oder Umlaufvermögens infolge **höherer Gewalt** oder infolge bzw. zur Vermeidung eines **behördlichen Eingriffs** gegen **Entschädigung** aus dem Betriebsvermögen ausscheidet und innerhalb einer bestimmten **Frist** ein **art- und funktionsgleiches Ersatzwirtschaftsgut** angeschafft oder hergestellt wird, auf dessen Anschaffungs- oder Herstellungskosten die aufgedeckten stillen Reserven übertragen werden.

3 Reinvestitionsrücklage nach § 6b EStG

Der Begriff „steuerfreie Reinvestitionsrücklage" bezeichnet im Bilanzsteuerrecht eine Rücklage, die aus noch nicht versteuertem Gewinn gebildet wurde. § 6b EStG gestattet unter bestimmten Voraussetzungen, stille Reserven, die während längerer Zeit in einigen Arten von Wirtschaftsgütern des Anlagevermögens entstanden sind und die anlässlich einer entgeltlichen Veräußerung aufgedeckt werden, auf bestimmte Reinvestitionsgüter zu übertragen. Die Übertragung aufgedeckter stiller Reserven kann im Wirtschaftsjahr der Veräußerung durch den Abzug des Veräußerungsgewinns von den Anschaffungs- oder Herstellungskosten der Reinvestitionsgüter erfolgen. Sofern eine Übertragung im Jahr der Veräußerung nicht möglich ist, dürfen aufgedeckte stille Reserven in eine den Gewinn mindernde Rücklage eingestellt werden. Durch den Verzicht auf die sofortige Besteuerung der realisierten stillen Reserven entsteht ein **Steuerstundungs- und damit Zins- und Liquiditätseffekt**, der den Unternehmen helfen soll, die durch die Veräußerung der Wirtschaftsgüter erzielten liquiden Mittel für andere Investitionsvorhaben ungeschmälert zu erhalten.

Die Übertragung der aufgedeckten stillen Reserven ist nur gestattet, wenn folgende **fünf Voraussetzungen** des § 6b Abs. 4 Satz 1 EStG kumulativ erfüllt sind:

▶ Der Steuerpflichtige muss seinen **Gewinn** nach § 4 Abs. 1 EStG oder § 5 EStG ermitteln. § 6b EStG ist entsprechend anzuwenden, wenn der Steuerpflichtige seinen Gewinn nach § 4 Abs. 3 EStG oder seine Einkünfte aus Land- und Forstwirtschaft nach Durchschnittssätzen ermittelt; vgl. dazu § 6c Abs. 1 Satz 1 EStG.

▶ Die **veräußerten Wirtschaftsgüter** müssen im Zeitpunkt der Veräußerung mindestens **sechs Jahre** ununterbrochen zum Anlagevermögen einer inländischen Betriebsstätte gehört haben. § 6b EStG setzt die entgeltliche Übertragung des wirtschaftlichen Eigentums an einem Wirtschaftsgut voraus; keine Veräußerung ist die Überführung von Wirtschaftsgütern in das Privatvermögen (Entnahme).

▶ Die **angeschafften oder hergestellten Wirtschaftsgüter** müssen zum **Anlagevermögen** einer inländischen Betriebsstätte gehören. Die Einlage eines Wirtschaftsgutes aus dem Privatvermögen stellt keine Anschaffung oder Herstellung dar.

▶ Der bei der Veräußerung entstandene **Gewinn muss im Inland steuerpflichtig sein**.

▶ Der Abzug nach § 6b Abs. 1 EStG oder die **Bildung und Auflösung** der den Gewinn mindernden Rücklage gemäß § 6b Abs. 3 EStG müssen **in der Buchführung nachvollziehbar** sein.

Liegen die oben genannten Voraussetzungen vor, ist eine Übertragung stiller Reserven jedoch nur bei bestimmten Wirtschaftsgütern des Anlagevermögens gemäß § 6b Abs. 1 EStG und § 6b Abs. 10 EStG möglich. Die Übertragungsmöglichkeiten mit ihren teilweise prozentualen Beschränkungen sind der nachfolgenden **Übersicht 12** zu entnehmen:

Übersicht 12: Übertragungsmöglichkeiten stiller Reserven gemäß § 6b EStG

Übertragung auf Auflösung von stillen Reserven bei der Veräußerung von	Grund und Boden	Aufwuchs auf Grund und Boden mit dem dazugehörigen Grund und Boden, wenn der Aufwuchs zu einem land- und forstwirtschaftlichen Betriebsvermögen gehört	Gebäude	Erweiterung, Ausbauten und Umbauten von Gebäuden	Binnenschiffe	Abnutzbare bewegliche Wirtschaftsgüter des Anlagevermögens	Anteile an Kapitalgesellschaften
Grund und Boden	100 %	100 %	100 %	100 %	–	–	–
Aufwuchs auf Grund und Boden mit dem dazugehörigen Grund und Boden, wenn der Aufwuchs zu einem land- und forstwirtschaftlichen Betriebsvermögen gehört	–	100 %	100 %	100 %	–	–	–
Gebäude	–	–	100 %	100 %	–	–	–
Binnenschiffe	–	–	–	–	100 %	–	–
Anteile an Kapitalgesellschaften bis zu einem Betrag von 500.000 € durch einen Einzelunternehmer oder eine Personengesellschaft	–	–	60 %	–	–	60 %	100 %

Fall 49

X betreibt als Einzelunternehmerin ein Binnenschifffahrtsunternehmen zur Fahrgastbeförderung in Berlin-Wannsee. Sie ermittelt ihren Gewinn nach § 5 EStG. Als Unternehmerin ist X zum vollen Vorsteuerabzug berechtigt; ihr Wirtschaftsjahr entspricht dem Kalenderjahr. Sie plant schon seit längerer Zeit, ihren Betrieb mit allen Mitarbeitern von Berlin-Wannsee nach Bayern an den Tegernsee zu verlagern, um dort ihr Binnenschifffahrtsunternehmen weiter zu betreiben. Im Rahmen dieser Betriebsverlagerung ergeben sich folgende Sachverhalte:

1. Bereits zum 02.10.01 erwirbt X ein am Tegernsee gelegenes, unbebautes Seegrundstück für 500.000 € einschließlich aller Nebenkosten. Dieses wird entsprechend seiner Zweckbestimmung als Anlagevermögen zum 31.12.01 bilanziert.

2. Zum 01.07.02 veräußert die Einzelunternehmerin ein unbebautes Seegrundstück in Berlin-Wannsee für 800.000 €. Der Buchwert dieses Grundstücks beträgt im Zeitpunkt der Veräußerung 400.000 €.

3. Zum 02.07.02 verkauft X ein bebautes Grundstück in Berlin. Von dem Verkaufspreis i.H.v. 550.000 € entfallen 150.000 € auf den Grund und Boden. Die Buchwerte des Grund und Bodens sowie des Gebäudes betrugen im Zeitpunkt der Veräußerung, d.h. nach bereits vorgenommener Gebäude-AfA:

Grund und Boden	70.000 €
Gebäude	250.000 €

4. Der Transport eines Binnenschiffs über Land von Berlin nach Bayern erweist sich schon sehr bald als zu kostspielig. Daher veräußert X zum 03.07.02 das alte Binnenschiff für 400.000 €. Der Buchwert des Binnenschiffs beträgt im Zeitpunkt der Veräußerung 10.000 € (nach bereits erfolgter anteiliger AfA).

Am Tegernsee tätigt X folgende Reinvestitionen:

5. Mit notariellem Kaufvertrag erwirbt sie zum 01.12.02 ein unbebautes Grundstück für 80.000 € einschließlich aller Nebenkosten, welches unmittelbar an das bereits am 02.01.01 erworbene Seegrundstück angrenzt. Auf diesem Grundstück errichtet X eine Lagerhalle und stellt diese am 31.12.02 fertig. Die Herstellungskosten für die Lagerhalle betragen 200.000 €. Der Bauantrag erfolgte nach dem 31.03.1985.

6. Am 22.01.03 erwirbt X von einer ortsansässigen Werft am Tegernsee ein neues Binnenschiff zur Fahrgastbeförderung für 500.000 €. Die Nutzungsdauer beträgt 16 Jahre; es wird linear abgeschrieben.

Darüber hinausgehende Investitionen sind nicht geplant und auch nicht getätigt worden. Alle veräußerten Wirtschaftsgüter gehören im Zeitpunkt der Veräußerung mindestens sechs Jahre ununterbrochen zum Anlagevermögen der inländischen Betriebsstätte der X. Aus Vereinfachungsgründen ist davon auszugehen, dass im Zeitpunkt aller Verkäufe und Käufe der sofortige Übergang von Nutzen und Lasten, Besitz und Eigengefahr sowie alle Zahlungen über das betriebliche Bankkonto der X erfolgten. Veräußerungskosten sind nicht angefallen. Bei den angegebenen Werten handelt es sich stets um Netto-Angaben. Umsatzsteuerrechtliche Aspekte sollen nicht betrachtet werden.

Wie sind die Sachverhalte 1. bis 6. buchhalterisch in den Steuerbilanzen der Jahre 01 bis 03 zu erfassen?

Die ersten vier Voraussetzungen des § 6b Abs. 4 Satz 1 EStG sind als erfüllt anzusehen. Weiterhin müssen der Abzug sowie die Bildung und Auflösung der den Gewinn mindernden Rücklage in der Buchführung verfolgt werden können. Es ergeben sich folgende Buchungen:

Sachverhalt 1: Kauf des unbebauten Grundstücks
Beim Kauf am 02.01.01 des unbebauten Seegrundstücks am Tegernsee wird dieses im Sachanlagevermögen aktiviert:

| Grund und Boden (neu) | 500.000 € | an | Bank | 500.000 € |

Sachverhalt 2: Verkauf des unbebauten Seegrundstücks
Beim Verkauf des unbebauten Seegrundstücks in Berlin-Wannsee am 01.07.02 ergibt sich ein Veräußerungsgewinn i.H.v. 400.000 € (800.000 € ./. 400.000 €). Es ist zu buchen:

| Bank | 800.000 € | an | Grund und Boden (alt) | 400.000 € |
| | | | sonst. betr. Erträge | 400.000 € |

Ebenfalls am 01.07.02 überträgt X die durch die Veräußerung aufgedeckten stillen Reserven auf das bereits im Jahr 01 erworbene neue Seegrundstück am Tegernsee.

(§ 6b Abs. 1 Satz 1 Nr. 1 i.V.m. Abs. 1 Satz 2 Nr. 1 EStG):

Abschreibungen (§ 6b EStG)	400.000 €	an Grund und Boden (neu)	400.000 €

Sachverhalt 3: Verkauf des bebauten Grundstücks in Berlin

Am 02.07.02 verkauft die Unternehmerin das bebaute Grundstück in Berlin und bucht:

Bank	550.000 €	an Grund und Boden (alt)	70.000 €
		Gebäude (alt)	250.000 €
		sonst. betr. Erträge (Grund und Boden)	80.000 €
		sonst. betr. Erträge (Gebäude)	150.000 €

Sachverhalt 4: Verkauf des alten Binnenschiffs

Am 03.07.02 verkauft X das alte Binnenschiff in Berlin und bucht:

Bank	400.000 €	an Binnenschiff (alt)	10.000 €
		sonst. betr. Erträge	390.000 €

Zum 31.12.02 bildet X mangels Reinvestition in ein neues Binnenschiff im gleichen Jahr eine den Gewinn mindernde Rücklage gemäß § 6b Abs. 1 Satz 2 Nr. 4 EStG i.V.m. § 6b Abs. 3 Satz 1 EStG und weist diese in der Steuerbilanz als steuerfreie Rücklage aus.

Sonst. betr. Aufwendungen	390.000 €	an steuerfr. RL (§ 6b EStG)	390.000 €

Sachverhalt 5: Kauf des unbebauten Grundstücks und Errichtung einer Lagerhalle

Am 01.12.02 erfolgen der Kauf des unbebauten Grundstücks am Tegernsee und nach § 6b Abs. 1 Satz 2 Nr. 1 EStG die Übertragung der aufgedeckten stillen Reserven aus dem Verkauf des Grund und Bodens (alt) vom 02.07.02 (= Sachverhalt 3).

Grund und Boden (neu)	80.000 €	an	Bank	80.000 €
Abschreibungen (§ 6b EStG)	80.000 €	an	Grund und Boden (neu)	80.000 €

Zum 31.12.02 erfolgen die Fertigstellung und Aktivierung der selbst erstellten Lagerhalle sowie nach § 6b Abs. 1 Satz 2 Nr. 3 EStG die Übertragung der aufgedeckten stillen Reserven aus dem Verkauf des Gebäudes (alt) vom 02.07.02 (= Sachverhalt 3). Die **Bemessungsgrundlage für die AfA** beträgt gemäß § 6b Abs. 6 Satz 2 EStG somit nur noch 50.000 €. Die zeitanteilige AfA für den Monat Dezember errechnet sich gemäß § 7 Abs. 4 Satz 1 Nr. 1 EStG wie folgt:

50.000 € $\times$ 3%/12 Monate $\times$ 1 Monat = 125 €

Gebäude (neue Lagerhalle)	200.000 €	an	Andere aktivierte Eigenleistungen	200.000 €
Abschreibungen (§ 6b EStG)	150.000 €	an	Gebäude (neue Lagerhalle)	150.000 €
AfA	125 €	an	Gebäude (neue Lagerhalle)	125 €

Sachverhalt 6: Kauf des neuen Fahrgastschiffes

Am 22.01.03 kauft X ein neues Fahrgastschiff und überträgt vollständig die steuerfreie Rücklage aus Sachverhalt 4.

Binnenschiff (neu)	500.000 €	an	Bank	500.000 €
Steuerfreie RL (§ 6b EStG)	390.000 €	an	sonst. betr. Erträge	390.000 €

| Abschreibungen | 390.000 € | an | Binnenschiff (neu) | 390.000 € |

(§ 6b EStG)

Im Jahresabschluss zum 31.12.03 ist die AfA für das Schiff zu buchen: **Die Bemessungsgrundlage für die AfA des Binnenschiffes** beträgt gemäß § 6b Abs. 6 Satz 1 EStG 110.000 €. Die lineare Jahres-AfA beträgt gemäß § 7 Abs. 1 Sätze 1, 2 und 4 EStG 6.875 € (110.000 € / 16 Jahre Nutzungsdauer).

| AfA | 6.875 € | an | Binnenschiff (neu) | 6.875 € |

Leitsatz 19

Reinvestitionsrücklage

Aufgelöste stille Reserven aus der Veräußerung bestimmter Wirtschaftsgüter des Anlagevermögens können gemäß § 6b EStG innerhalb festgelegter Fristen auf bestimmte Reinvestitionsgüter des Anlagevermögens übertragen werden. Durch den Verzicht auf die sofortige Besteuerung der realisierten Buchgewinne im Jahr der Veräußerung entsteht für das jeweilige Unternehmen ein **Steuerstundungs**- und damit **Zins**- und **Liquiditätseffekt**, der helfen soll, die durch die Veräußerung erzielten Mittel für Reinvestitionen ungeschmälert zu erhalten.

Lektion 7: Verbindlichkeiten und Rückstellungen

1 Verbindlichkeiten

Verbindlichkeiten sind Verpflichtungen eines Unternehmens, die am Bilanzstichtag ihrer Höhe und ihrer Fälligkeit nach feststehen. Handelsrechtlich sind sie gemäß § 253 Abs. 1 Satz 2 HGB grundsätzlich mit ihrem Erfüllungsbetrag zu passivieren und gemäß § 266 Abs. 3 C. HGB auf der Passivseite der Bilanz auszuweisen. Verbindlichkeiten aus Lieferungen und Leistungen entstehen, wenn der Bilanzierende eine Leistung auf Ziel erhalten hat, also erst nach Erhalt der Lieferung oder sonstigen Leistung zahlt. Grundsätzlich ist die Handelsbilanz für die Bilanzierung der Verbindlichkeiten in der Steuerbilanz maßgeblich. Eine steuerliche Sonderregelung zur Abzinsung von Verbindlichkeiten enthält jedoch § 6 Abs. 1 Nr. 3 EStG. Unglücklicherweise ist die Norm so strukturiert, dass die Ausnahme (Abzinsung) scheinbar den Regelfall darstellt und der Regelfall (keine Abzinsung) die Ausnahme. Aber lesen Sie zunächst selbst den Wortlaut nach.

■ Fall 50

Die X-GmbH verkauft an die Y-AG Waren im Nettowert von 10.000 €. Die Lieferung erfolgt am 20.12.01, die Zahlung am 10.01.02. Wie ist bei der Y-AG zu buchen?

Bei Vertragsabschluss erfolgt keine Buchung, weil es sich um ein schwebendes Geschäft handelt. Bei Lieferung (20.12.01) bucht die Y-AG Wareneingang (10.000 €) und VorSt (1.900 €) an Verbindlichkeiten aus L. u. L. (11.900 €). Eine Abzinsung der Verbindlichkeit erfolgt nicht, weil die Verbindlichkeit kurzfristig (Laufzeit geringer als 12 Monate) ist; § 6 Abs. 1 Nr. 3 Satz 2 EStG. Wenn die Zahlung erfolgt, wird diese erfolgsneutral (als Bilanzverkürzung) über das Bankkonto gebucht. Damit fällt am 10.01.02 die Verbindlichkeit weg.

Weiterhin Fall 50: Würde sich an der Lösung etwas ändern, wenn die Laufzeit der Verbindlichkeit aus Lieferungen und Leistungen 12 Monate betragen würde?

Ja! In diesem Fall sieht § 6 Abs. 1 Nr. 3 Satz 1 EStG eine Abzinsung mit einem Zinssatz i.H.v. 5,5 % vor. Ökonomisch kann man sich die Abzinsung so verdeutlichen, dass in der Zahlung ein verdeckter Zinsanteil steckt. Das BMF sieht in dieser nicht vereinbarten Zinszahlung zunächst einen außerordentlichen Ertrag des Schuldners. Entsprechend ist die spätere Aufzinsung als außerordentlicher Aufwand zu buchen (vgl. BMF-Schreiben vom 26.05.2005 - IV B 2 - S 2175 - 7/05, BStBl. I 2005, S. 699, Tz.41).

Buchung der Y-AG bei Lieferung:

Wareneingang	10.000 €	an	Verbindlichkeiten	
VorSt	1.900 €		aus L. u. L.	11.280 €
			außerordentlicher Ertrag	620 €

Buchung der Y-AG bei Zahlung:

Verbindlichkeiten aus L. u. L.	11.280 €			
außerordentlicher Aufwand	620 €	an	Bank	11.900 €

2 Rückstellungen

■ Fall 51

Z arbeitet im Dezember 01 für die X-GmbH. Er erhält sein Gehalt am 30.12.01 per Banküberweisung. Wie lautet der Buchungssatz bei der X-GmbH?

Im Dezember 01:	Lohnaufwand	an	Bank

■ Fall 52

Z arbeitet im Dezember 01 für die X-GmbH. Er erhält aufgrund eines Computerabsturzes sein Gehalt erst am 02.01.02 per Banküberweisung. Wie lautet der Buchungssatz bei der X-GmbH?

Diese Frage ist, wenn Sie bereits *Rechnungswesen – leicht gemacht®* gelesen haben, ebenfalls schlicht zu beantworten. Der Lohnaufwand ist aufgrund des *Aufwandsrealisationsprinzips* (§ 5 Abs. 1 Satz 1 Halbsatz 1 EStG i.V.m. § 252 Abs. 1 Nr. 4 HGB) in der Periode zu erfassen, in der Z seine Gegenleistung erbracht hat. Daher:

Im Dezember 01:	Lohnaufwand	an	Sonstige Verbindlichkeiten
Im Januar 02: Sonstige Verbindlichkeiten		an	Bank

Fall 53

Z arbeitet im Dezember 01 für die X-GmbH. Der Arbeitsvertrag sieht vor, dass er sein Gehalt erst am 02.01.26 per Banküberweisung erhält. Wie lautet der Buchungssatz bei der X-GmbH?

Diese Frage ist nicht schlicht zu beantworten. Der Lohnaufwand ist aufgrund des Aufwandsrealisationsprinzips in der Periode zu erfassen, in der Z seine Gegenleistung erbracht hat. Daher:

Im Dezember 01:	Lohnaufwand	an	...?...
Am 2.1.26:	...?...	an	Bank

Die X-GmbH hat im Dezember 01 von Z eine Leistung aus einem zweiseitigen Vertrag erhalten. Ihre Gegenleistung ist sie aber noch schuldig. Damit liegt eine Verbindlichkeit vor. Allerdings ist unklar, ob Z in 25 Jahren überhaupt noch in der Lage sein wird, seinen Arbeitslohn in Empfang zu nehmen. Vielleicht hat er sich ja dann bereits zu Tode gearbeitet. Schlecht für ihn, gut für das Unternehmen. Ob es also tatsächlich jemals zu einer entsprechenden Auszahlung kommt, ist ungewiss. Das heißt, die Verbindlichkeit ist ungewiss. § 249 Abs. 1 Satz 1 HGB schreibt explizit vor, dass derartige ungewisse Verbindlichkeiten als Rückstellungen (hier: Pensionsrückstellung) passiviert werden müssen.

> **Rückstellungen für ungewisse Verbindlichkeiten** sind Schulden, bei denen die spätere Auszahlung und deren Höhe ungewiss sind. Sie stellen voraussichtliche spätere Auszahlungen dar, die bereits am Abschlussstichtag als Aufwand erfasst werden.

Mit Verbindlichkeiten haben sie gemeinsam, dass sie in der Periode bilanziert werden, in der die Schuld wirtschaftlich verursacht ist, und nicht erst in der Periode, in der die Schuld fällig oder geltend gemacht wird. Rückstellungen für ungewisse Verbindlichkeiten sind aufgrund des Maßgeblichkeitsprinzips (§ 5 Abs. 1 Satz 1 Halbsatz 1 EStG) auch in der Steuerbilanz zu passivieren; R 5.7 Abs. 1 Satz 1 EStR. Einen echten Fallstrick stellt dabei § 6a EStG dar. Er schreibt für Pensionsrückstellungen vor, dass sie in der Steuerbilanz unter bestimmten Bedingungen gebildet werden dürfen: „Für eine Pensionsverpflichtung darf eine Rückstellung (Pensionsrückstellung) nur gebildet werden, wenn und soweit ...".

Die Norm ist jedoch völlig anders zu interpretieren, als sich im ersten Moment vermuten lässt. Zunächst besteht für Pensionsrückstellungen eine Passivierungspflicht. Dies ergibt sich aus der Interpretation des Maßgeblichkeitsgrundsatzes durch die BFH-Rechtsprechung. Nach dem Beschluss des Großen Senats vom 03.02.1969 - GrS 2/68, BStBl. II 1969, S. 291 führt ein handelsrechtliches Passivierungsgebot auch zu einer steuerlichen Passivierungspflicht, während handelsrechtliche Passivierungswahlrechte und -verbote zu steuerlichen Passivierungsverboten werden (vgl. auch BMF-Schreiben vom 12.03.2010 - IV C 6 - S 2133/09/10001, BStBl. I 2010, S. 239, Rz. 4 zum steuerlichen Maßgeblichkeitsgrundsatz).

Allerdings besteht die Passivierungspflicht für Pensionsrückstellungen nur dann, wenn die in § 6a EStG genannten Voraussetzungen erfüllt sind. Andernfalls ist die Passivierung verboten. Die Bewertung erfolgt gemäß § 6a Abs. 3 Satz 1 EStG zum Teilwert. Dieser entspricht dem Barwert der voraussichtlichen künftigen Pensionsleistungen. Der Diskontierungsfaktor wird dabei gemäß § 6a Abs. 3 Satz 3 EStG mit 6% vorgegeben.

Handelsrechtlich gibt es aber mehrere Rückstellungen. Dabei unterscheidet der Gesetzgeber in § 249 HGB drei Arten von Rückstellungen:

▶ Rückstellungen für ungewisse Verbindlichkeiten (Verbindlichkeitsrückstellungen),

▶ Rückstellungen für künftige Ausgaben (Aufwandsrückstellungen) und

▶ Rückstellungen für drohende Verluste aus schwebenden Geschäften (Drohverlustrückstellungen).

Verbindlichkeits- und Aufwandsrückstellungen sind Ausfluss des Realisationsprinzips, während sich Drohverlustrückstellungen aus dem Imparitätsprinzip ableiten.

2.1 Verbindlichkeits- und Aufwandsrückstellungen

Rückstellungen für ungewisse Verbindlichkeiten müssen gemäß § 249 Abs. 1 Satz 1 HGB gebildet werden. Über § 5 Abs. 1 Satz 1 Halbsatz 1

EStG ergibt sich damit auch eine Passivierungspflicht in der Steuerbilanz; R 5.7 Abs. 1 Satz 1 EStR. Ihre Passivierung dient dazu, Ausgaben den zugehörigen Erträgen periodengerecht zuzuordnen. Sie sind damit **Ausfluss des Realisationsprinzips**.

> Voraussetzung für die Bildung einer **Rückstellung für ungewisse Verbindlichkeiten** ist das Vorliegen einer **Außenverpflichtung** (rechtliche Verpflichtung gegenüber einem Dritten).

Ein klassisches Beispiel sind die bereits behandelten Pensionsrückstellungen. Viele Unternehmen bieten ihren Mitarbeitern neben dem Arbeitslohn eine betriebliche Altersversorgung an (Pensionszahlung). Sie stellt eine spätere Auszahlung dar, die bereits jetzt (durch die Arbeitsleistung) verursacht wurde. Diese spätere Auszahlung stellt eine ungewisse Schuld des Unternehmens dar. Die Rückstellung wird im Zeitpunkt der wirtschaftlichen Verursachung gebildet bzw. zugeschrieben und bei Zahlung der Pension aufgelöst bzw. abgestockt.

Klassische Beispiele für Verbindlichkeitsrückstellungen sind

▶ Pensions-, Garantie-, und Prozesskostenrückstellungen (zivilrechtliche Verpflichtungen) sowie

▶ Sanierungskosten-, Körperschaftsteuer- und Gewerbesteuerrückstellungen (öffentlich rechtliche Verpflichtungen).

Allerdings hat der Gesetzgeber eine latente Angst davor, dass Steuerpflichtige zu großzügig mit der Passivierung von Rückstellungen umgehen, um so temporäre Steuerersparnisse zu generieren. Daher finden sich neben § 6a EStG auch in § 5 Abs. 2a, 3, 4, 4b EStG einige Bedingungen, die die Bildung von Rückstellungen für ungewisse Verbindlichkeiten einschränken.

Leitsatz 20

> **Rückstellungen für ungewisse Verbindlichkeiten**
>
> Rückstellungen für ungewisse Verbindlichkeiten sind Schulden (Außenverpflichtung), bei denen die **spätere Auszahlung** und deren **Höhe ungewiss** sind. Sie stellen voraussichtliche spätere Auszahlungen dar, die handelsrechtlich aufgrund des **Realisationsprinzips** bereits am Abschlussstichtag als Aufwand erfasst werden (§ 249 Abs. 1 Satz 1 HGB).
>
> Steuerlich werden sie aufgrund des **Maßgeblichkeitsprinzips** übernommen (§ 5 Abs. 1 Satz 1 Halbsatz 1 EStG). Allerdings gibt es zusätzliche Bedingungen für die steuerliche Passivierung (vgl. § 6a und § 5 Abs. 2a, 3, 4, 4b EStG).

Weniger problematisch sind die Aufwandsrückstellungen. Für manche von ihnen sieht § 249 Abs. 1 Satz 2 HGB eine Passivierungspflicht vor, für den Rest besteht gemäß § 249 Abs. 2 HGB ein handelsrechtliches Passivierungsverbot.

Fall 54

Die Fit & Fun OHG gewährt Kunden, die trotz zehnmaligen Besuchs der Muckibude keinen Bizepszuwachs messen können, auf Kulanzbasis eine nachträgliche Preisreduktion um 10%. Die Gesellschafter sind sich unsicher, ob sie hierfür in der Steuerbilanz der OHG eine Rückstellung bilden müssen oder dürfen. Außerdem möchten sie eine Rückstellung für eine Großreparatur, die in ein paar Jahren für die Geräte erforderlich sein wird, bilden. Beurteilen Sie, ob für die Kulanzleistungen und die geplante Großreparatur steuerliche Rückstellungen gebildet werden dürfen oder müssen.

Aus dem bereits mehrfach zitierten BFH-Beschluss des Großen Senats vom 03.02.1969 - GrS 2/68, BStBl. II 1969, S. 291 ergibt sich für die handelsrechtlichen Passivierungsgebote in § 249 Abs. 1 Satz 2 HGB eine steuerliche Passivierungspflicht.

Damit leitet sich für die Kulanzleistungen gemäß § 249 Abs. 1 Satz 2 Nr. 2 HGB i.V.m. § 5 Abs. 1 Satz 1 Halbsatz 1 EStG eine Passivierungspflicht ab. Für die Großreparatur hingegen darf weder in der Handels- noch in der Steuerbilanz eine (Aufwands-) Rückstellung passiviert werden.

Leitsatz 21

Aufwandsrückstellungen

Eine **Aufwandsrückstellung** wird passiviert, wenn ohne Außenverpflichtung, also **ohne rechtliche Verpflichtung** gegenüber Dritten, in der Zukunft Auszahlungen entstehen, die bereits realisierten Erträgen zuzuordnen sind.

Für die Passivierung von Aufwandsrückstellungen existiert **grundsätzlich** ein handelsrechtliches **Passivierungsverbot**, in bestimmten **Ausnahmefällen** (§ 249 Abs. 1 Satz 2 HGB) aber eine **Passivierungspflicht**. Diese greift bei:

▶ **Rückstellungen für unterlassene Instandhaltungen**, die innerhalb von drei Monaten im folgenden Geschäftsjahr nachgeholt werden

▶ **Rückstellungen für Abraumbeseitigung**, die im folgenden Geschäftsjahr nachgeholt werden

▶ und **Kulanzrückstellungen**

Die **handelsrechtliche Passivierungspflicht** wird durch § 5 Abs. 1 Satz 1 Halbsatz 1 EStG auch zu einer **steuerlichen Passivierungspflicht**.

2.2 Drohverlustrückstellungen

Fall 55

Die X-GmbH hat am 12.11.01 mit der Y-AG einen Vertrag geschlossen. Darin verpflichtet sie sich, der Y-AG am 15.03.02 eine Spezialmaschine zum Festpreis von 150.000 € (netto) zu liefern. Die Y-AG hat den Kaufpreis innerhalb von 14 Tagen nach Lieferung ohne Abzüge zu überweisen. Die Herstellungskosten betragen voraussichtlich 168.000 €. Für den Transport zur Y-AG werden noch in 02 weitere 2.000 € Ausgaben anfallen. Wie ist der Sachverhalt in der Handels- und Steuerbilanz der X-GmbH zum 31.12.01 auszuweisen?

Hierbei handelt es sich um ein schwebendes Geschäft. Schwebende Geschäfte werden grundsätzlich nicht bilanziert. Allerdings sieht § 249 Abs. 1 Satz 1 HGB vor, dass für drohende Verluste aus schwebenden Geschäften eine Rückstellung (die sogenannte Drohverlustrückstellung) zu bilden ist, sofern der drohende Verlust nicht durch eine außerplanmäßige Abschreibung antizipiert werden kann. In Fall 55 droht durch das schwebende Geschäft ein Verlust i.H.v. 20.000 €. Daher ist handelsrechtlich eine Drohverlustrückstellung zu passivieren. Steuerlich wird dieser Rückstellung jedoch durch § 5 Abs. 4a Satz 1 EStG ein Riegel vorgeschoben.

Ursache war der als Apothekerentscheidung (BFH-Beschluss vom 23.06.1997 - GrS 2/93, BStBl. II 1997, S. 735) in die Literatur eingegangene Beschluss des Großen Senats, der in Fall 56 modifiziert und vereinfacht dargestellt werden soll:

Fall 56

Der bilanzierende X betreibt eine Apotheke im Erdgeschoss seines eigenen Geschäftsgebäudes. Die erste Etage vermietet er an einen Arzt, der dort seine Praxis betreibt, für zehn Jahre fest. Die Mieterträge seien 2.500 € pro Monat, seine damit verbundenen Aufwendungen seien 3.500 € pro Monat. X will daher eine Drohverlustrückstellung i.H.v. 120.000 € passivieren. Fragen der Abzinsung sollen hier nicht behandelt werden.

Betrachtet man zunächst allein den Mietvertrag, muss X natürlich betrübt sein. Aus dem Mietverhältnis entsteht ihm ein monatlicher Verlust i.H.v. 1.000 €. Dies sind 12.000 € p.a. und somit bei zehn Jahren Laufzeit insgesamt 120.000 €. Der BFH fragte sich jedoch zu Recht, warum X überhaupt diesen für ihn scheinbar ungünstigen Mietvertrag abgeschlossen hat.

Der Mieter war ein Arzt. X erhoffte sich durch diesen Mieter Umsatzsteigerungen für seine Apotheke. Die Bilanzierung der Rückstellung ist davon abhängig, ob die drohenden Verluste und die „drohenden" Gewinne eine Bewertungseinheit darstellen, also insgesamt gar kein Verlust entsteht. Bitte denken Sie hierüber einen Moment nach. Bevor der BFH die Frage beantwortet hatte, wurde sicherheitshalber § 5 Abs. 4a EStG geschaffen und somit der Drohverlustrückstellung in der Steuerbilanz der Garaus gemacht.

Leitsatz 22

Drohverlustrückstellungen

Rückstellungen für drohende Verluste aus schwebenden Geschäften sind als Reaktion auf die sogenannte Apothekerentscheidung **steuerlich verboten** (§ 5 Abs. 4a EStG).

Nachsatz: Der BFH hat in dem Sachverhalt tatsächlich einen Bewertungszusammenhang und damit keinen drohenden Verlust gesehen. X durfte keine Drohverlustrückstellung passivieren (vgl. auch § 254 Satz 1 HGB). Gleiches gilt gemäß § 5 Abs. 1a Satz 2 EStG auch für die Steuerbilanz.

Lektion 8: Bilanzierung der Rechnungsabgrenzungsposten

1 Klassische Rechnungsabgrenzungsposten

Zur periodengerechten Erfolgsermittlung für Fälle, in denen die Perioden der Zahlung und zeitraumbezogenen Leistung auseinanderfallen (dies sind insbesondere Mieten, Kreditzinsen und Versicherungsbeiträge) werden alternativ zu den Anzahlungen (diese greifen nur bei zeitpunktbezogenen Leistungen) Rechnungsabgrenzungsposten (RAP) gebucht. Handelsrechtlich werden sie gemäß § 250 HGB gebildet, wenn vor dem Abschlussstichtag die Zahlung und nach dem Abschlussstichtag die korrespondierende Leistung erfolgt.

Steuerlich ist § 5 Abs. 5 Satz 1 EStG einschlägig. Er ist mit der handelsrechtlichen Norm praktisch inhaltsgleich. Seine Daseinsberechtigung schöpft er aus dem Umstand, dass § 5 Abs. 5 EStG älter ist als § 250 HGB. Striche man die steuerliche Norm ersatzlos, würde § 250 HGB über das Maßgeblichkeitsprinzip (§ 5 Abs. 1 Satz 1 Halbsatz 1 EStG) gelten.

Der Gesetzgeber erkennt, dass durch solche Vorauszahlungen der Ertragswert eines Unternehmens i.d.R. nicht gemindert wird, weil der Kaufmann sie sonst nicht geleistet hätte. Andererseits ist der Ertragswertbeitrag solcher Vorauszahlungen schwerer greifbar als bei Anzahlungen auf Wirtschaftsgüter. Beispielsweise könnte man Auszahlungen für eine eigene Werbekampagne auch als „Vorauszahlungen" für künftige Einzahlungen deuten. Daher hat der Gesetzgeber eine zusätzliche Objektivierungsrestriktion kodifiziert: Nur wenn die Vorauszahlungen Aufwand „für eine bestimmte Zeit" – besser: für einen bestimmten Zeitraum – nach dem Abschlussstichtag sind, sind sie zu aktivieren und nicht sofort als Aufwand in der GuV auszuweisen (§ 5 Abs. 5 Satz 1 Nr. 1 HGB). Sie werden jedoch nicht als Wirtschaftsgüter ausgewiesen (obwohl sie welche sind), sondern als aktive Rechnungsabgrenzungsposten (aRAP).

Für passive Rechnungsabgrenzungsposten (pRAP) gilt das Gesagte analog. Es handelt sich um erhaltene Vorauszahlungen für noch zu erbringende zeitraumbezogene Leistungen. Ökonomisch betrachtet könnten diese erhaltenen Vorauszahlungen auch als Verbindlichkeiten

(Leistungsverpflichtungen) passiviert werden. Da als Verbindlichkeiten aber nur Geldleistungen ausgewiesen werden sollen und bei pRAP ausstehende Dienst- bzw. Sachleistungen vorliegen, werden sie nicht als Verbindlichkeiten, sondern getrennt als pRAP ausgewiesen.

Der Bilanzierende erhält eine Einzahlung (auch wenn der Gesetzgeber fälschlich von einer Einnahme spricht), für die er noch eine zeitraumbezogene Gegenleistung zu erbringen hat. Erst im Geschäftsjahr der Leistungserbringung hat der leistende Kaufmann den Gewinn aus dem Geschäft realisiert. Daher ist der pRAP auch erst in diesem Geschäftsjahr gewinnerhöhend aufzulösen.

▆ Fall 57

X zahlt am 31.12.01 an Unternehmen Y die Büromiete i.H.v. 60.000 € für das folgende Geschäftsjahr im Voraus (Y hat nicht nach § 9 UStG zur Umsatzsteuerpflicht optiert).

Aus Sicht von Unternehmen X wird wie folgt gebucht:

Am 31.12.01:	aRAP	60.000	an	Kasse	60.000
Am 31.12.02:	Mietaufwand	60.000	an	aRAP	60.000

Die Buchungen bei Unternehmen Y erfolgen analog:

Am 31.12.01:	Kasse	60.000	an	pRAP	60.000
Am 31.12.02:	pRAP	60.000	an	Mietertrag	60.000

▆ Fall 58

Wie wäre bei Y zu buchen, wenn die Mietzahlung am 01.10.01 für die folgenden zwölf Monate erfolgen würde?

Zunächst würde die Buchhaltung die Zahlung als Mietertrag buchen, um sie dann am Ende des Geschäftsjahres anteilig ($^9/_{12}$) abzugrenzen:

Am 01.10.01:	Kasse	60.000	an	Mietertrag	60.000
Am 31.12.01:	Mietertrag	45.000	an	pRAP	45.000
Am 31.12.02:	pRAP	45.000	an	Mietertrag	45.000

Damit würden 15.000 € Mietertrag im Jahresabschluss 01 und 45.000 € im Jahresabschluss 02 ausgewiesen werden. Dies entspricht genau der anteilig erbrachten Vermietung.

> In der **Praxis** wird meist zunächst die gesamte Zahlung als Aufwand bzw. als Ertrag gebucht. Erst **am Ende** des Geschäftsjahres erfolgt dann die Korrektur des zu hoch ausgewiesenen Aufwands bzw. Ertrags durch die Bilanzierung eines **RAP**.

> Die klassischen Zahlungen für **zeitraumbezogene Leistungen**, in denen RAP zu bilden sind, sind **Darlehenszinsen**, **Versicherungsprämien** und **Mietzinsen**. Diese Leistungen sind nach § 4 Nr. 8, 10 und 12 UStG von der USt befreit. Daher fällt bei RAP in der Regel keine USt an.

2 „Steuerliche" Rechnungsabgrenzungsposten

Neben den klassischen RAP enthält § 5 Abs. 5 Satz 2 Nr. 1 und 2 EStG auch zwei Sonderfälle.

2.1 Zölle und Verbrauchsteuern auf Vorräte

Für Zölle und Verbrauchsteuern ist charakteristisch, dass der Produzent oder Importeur Steuerschuldner ist, die Steuerbelastung aber wirtschaftlich auf den Verbraucher überwälzt werden soll. § 5 Abs. 5 Satz 2 Nr. 1 EStG fordert die Aktivierung dieser Zölle oder Verbrauchsteuern, sofern sie auf Vorräte entfallen, die sich noch im Betriebsvermögen des Unternehmens befinden. Zum Beispiel entsteht die Biersteuer bereits, wenn das Bier die Produktionsstätte verlässt und in Außenlager des Produktionsunternehmens (die sogenannten Niederlagen) verbracht wird. Mit der Verbringung entsteht also eine Verbrauchsteuerschuld des Produzenten gegenüber dem Finanzamt. Die Buchung lautet:

???   an   BierSt-Verbindlichkeit

Fraglich ist, was die Sollbuchung sein soll. Zu den Herstellungskosten des Bieres gehört die BierSt nicht, da der Herstellungsvorgang vor der

Verbringung in das Außenlager abgeschlossen ist. Ein „normaler" aRAP liegt auch nicht vor, weil es an der bestimmten Zeit fehlt (vgl. § 5 Abs. 5 Satz 1 EStG). Da technisch letztlich nur eine Aufwandsbuchung möglich wäre und dies zu temporären Steuerausfällen führen würde, hat der Gesetzgeber allein aus fiskalischen Gründen den § 5 Abs. 5 Satz 2 Nr. 1 EStG geschaffen. Die Buchung lautet also

aRAP an BierSt-Verbindlichkeit

obwohl gerade kein normaler RAP vorliegt. Der RAP wird bei Verkauf des Bieres aus der Niederlage aufgelöst.

2.2 Umsatzsteuer auf Anzahlungen

Ein weiterer „steuerlicher" RAP ist durch § 5 Abs. 5 Satz 2 Nr. 2 EStG geregelt. Demnach ist als aRAP auch die USt auf Anzahlungen auszuweisen, sofern sie als Aufwand gebucht wurde. Der Anwendungsbereich dieser Norm kann nur verstanden werden, wenn man sich vorher die Bilanzierung von Anzahlungen in Theorie und Praxis verdeutlicht.

Für den Fall, dass der Zahlungszeitpunkt vor der Lieferung (also zeitpunktbezogen) liegt, spricht man von Anzahlungen. Leistet der Kaufmann vor dem Bilanzstichtag Anzahlungen auf aktivierbare Wirtschaftsgüter, die ihm nach dem Bilanzstichtag geliefert werden sollen, dann hat der Kaufmann einen werthaltigen, greifbaren und selbständig bewertbaren Anspruch auf Lieferung eines Wirtschaftsgutes oder auf Rückgewähr der Anzahlung. Eine erhaltene (geleistete) Anzahlung ist also eine besondere Form der Verbindlichkeit (Forderung), die separat in der Buchführung erfasst und – sofern zwischen der Anzahlung und der Lieferung ein Abschlussstichtag liegt – im Jahresabschluss ausgewiesen wird.

■ Fall 59
Die Fit & Fun GmbH verkauft am 29.12.01 an den Kunden Y ein Paar Ski „Monosal X scream" für 500 € (netto). Y zahlt am 30.12.01 den vereinbarten Preis und erhält am 02.01.02 die Ware, nachdem noch die Bindungen eingestellt wurden und ein Rennwachs aufgetragen wurde. Wie würden Verkäufer und Käufer den Geschäftsvorfall in der Praxis buchen?

Am 29.12.01 passiert zunächst buchhalterisch nichts, da ein schwebendes Geschäft vorliegt. Am 30.12.01 ist die erhaltene Anzahlung zu buchen und am 02.01.02 die Lieferung. Zu beachten ist außerdem, dass gemäß § 13 Abs. 1 Nr. 1 Buchst. a Satz 4 UStG auf alle Anzahlungen USt zu entrichten ist. Es ergeben sich folgende Buchungen:

Buchung am 30.12.01 beim Verkäufer:

Kasse	595	an	Erhaltene Anzahlungen	500
			USt	95

Buchung am 30.12.01 beim Käufer (falls der überhaupt bucht):

Geleistete Anzahlungen	500			
VorSt	95	an	Kasse	595

Buchung am 02.01.02 beim Verkäufer:

Erhaltene Anzahlungen	500	an	WVK	500

Buchung am 02.01.02 beim Käufer:

WEK	500	an	Geleistete Anzahlungen	500

Immer noch Fall 59: Der BFH hat diese sogenannte Nettobuchung in einem Urteil vom 26.06.1979 - VIII R 145/78, BStBl. II 1979, S. 625 abgelehnt und für den Verkäufer im Zahlungszeitpunkt die folgende Bruttobuchung als richtig angesehen:

Buchung am 30.12.01 beim Verkäufer:

Kasse	595	an	Erhaltene Anzahlungen	595
			USt-Verbindlichkeit	95

Begründet hat er diese Buchung damit, dass die Fit & Fun GmbH die erhaltene USt an das Finanzamt zu zahlen hat (USt-Verbindlichkeit) und darüber hinaus dem Kunden im Falle der Nichtlieferung die volle Anzahlung erstatten muss. Wie unschwer zu erkennen ist, geht der Buchungssatz dann aber nicht auf. Der BFH war der Meinung, dass der Buchungssatz durch eine Aufwandsbuchung zu komplettieren sei:

Buchung am 30.12.01 beim Verkäufer:

Kasse	595	an	Erhaltene Anzahlungen	595
Aufwand	95		USt-Verbindlichkeit	95

Die Finanzverwaltung hat darauf zunächst mit einem Nichtanwendungserlass reagiert und der Gesetzgeber fügte anschließend den § 5 Abs. 5 Satz 2 Nr. 2 EStG ein. Damit lautet bei **Bruttobuchung** der vollständige Buchungssatz nunmehr:

Kasse	595	an	Erhaltene Anzahlungen	595
aRAP	95		USt-Verbindlichkeit	95

Da die Praxis aber weiterhin die Nettobuchung bevorzugt, ist der Anwendungsbereich der Norm den Buchungsexoten vorbehalten.

III. Schuldrechtliche Beziehungen zwischen Gesellschaft und Gesellschafter

Lektion 9: Sonderbetriebsvermögen bei Personengesellschaften

1 Rechtliche Grundlagen

Fall 60
X und Y betreiben in Berlin gemeinsam ein Unternehmen. Während X nach eigener Aussage „den Laden schmeißt", hat Y die Geschäftsräume zur Verfügung gestellt, und beschränkt sich im Übrigen auf den Verbrauch seiner erwirtschafteten Gewinnanteile. Nach einer intensiven Aussprache fordert X eine angemessene Tätigkeitsvergütung i.H.v. 75.000 €. Y kontert damit, dass er dann auch eine Miete (25.000 € pro Jahr) bekommen müsste. Wie ist der Fall rechtlich und bilanziell zu behandeln?

Wie so oft im Leben muss eine Fallunterscheidung vorgenommen werden. Wenn das gemeinsame Unternehmen eine Kapitalgesellschaft (GmbH, AG oder KGaA) ist, stellt sich der Fall einfach dar. Kapitalgesellschaften sind eigene Rechtspersonen, die natürlich mit ihren Gesellschaftern schuldrechtliche Verträge (z.B. Arbeitsverträge, Darlehensverträge, Mietverträge) eingehen können. Der Arbeitslohn an X wird dann in der GuV der Kapitalgesellschaft als Personalaufwand gebucht und die Miete an Y als Mietaufwand. Sie sind damit steuerlich als normale Betriebsausgaben abzugsfähig. Im Gegenzug hat X bei Zufluss der Zahlungen Einkünfte aus nichtselbständiger Arbeit (§ 19 EStG) und Y hat Einkünfte aus Vermietung und Verpachtung (§ 21 EStG) oder Einkünfte aus Gewerbebetrieb (§ 15 EStG), falls eine Betriebsaufspaltung vorliegt, zu versteuern.

Bei einem Einzelunternehmer wäre der Fall ebenfalls einfach. Da das Unternehmen keine eigene Rechtsperson ist, könnte es auch nicht mit dem Eigentümer (Einzelunternehmer) schuldrechtliche Verträge schließen (§ 181 BGB). Schuldrechtliche Verträge zwischen Einzelunternehmen und Einzelunternehmer (Selbstkontraktion) würden also weder zivilrechtlich noch steuerlich anerkannt werden.

Lektion 9: Sonderbetriebsvermögen bei Personengesellschaften

Personengesellschaften (z.B. OHG, KG, GbR) sind rechtlich gesehen jedoch problematisch. Sie stellen keine eigene Rechtsperson dar, sind aber für manche Geschäfte doch rechtsfähig. Daher wird gelegentlich auch von einer „Quasi-Rechtsfähigkeit" gesprochen. Sie können auch schuldrechtliche Beziehungen zu ihren Gesellschaftern unterhalten. Dennoch hat der Gesetzgeber mit § 15 Abs. 1 Satz 1 Nr. 2 Satz 1 EStG für Mitunternehmer eine ganz besondere Regelung getroffen. Sie müssen:

▶ ihre Gewinnanteile und

▶ die Vergütungen für die Tätigkeit im Dienst der Personengesellschaft, die Hingabe von Darlehen oder die Überlassung von Wirtschaftsgütern

als Einkünfte aus Gewerbebetrieb versteuern (= Umqualifizierung der Einkünfte).

> Der Gesetzgeber stellt sowohl auf das Betriebsergebnis der Personengesellschaft als auch auf die (Sonder-)Betriebsergebnisse einzelner Mitunternehmer ab. Weil er jedoch offen gelassen hat wie das Ganze bilanziert werden soll, bedurfte es einer umfangreichen **Rechtsfortbildung** durch den BFH. Es entstand auf der Grundlage des § 15 Abs. 1 Satz 1 Nr. 2 Satz 1 EStG ein komplexes System aus BFH-Urteilen. Sie wurden in den R. 4 bis 20 und 81 bis 88 des sogenannten Mitunternehmererlasses (BMF-Schreiben vom 20.12.1977 – IV B 2 – S 2241 – 231/77, BStBl. I 1978, S. 8) lehrbuchartig dargestellt.
>
> Obwohl der Mitunternehmererlass keine Rechtsnorm darstellt, sollte er von Ihnen beachtet werden, weil er die Grundsätze der Rechtsprechung zur sogenannten **Beitragstheorie** zusammenfasst. Er wurde zwar außer Kraft gesetzt, weil Teile inzwischen durch Gesetzesänderungen überholt sind, die genannten Satz 1 Nr. 2 Satz 1 entsprechen aber noch heute dem geltenden Recht.

Der BFH hat aus § 15 Abs. 1 Satz 1 Nr. 2 Satz 1 EStG einen zweistufigen Aufbau der Steuerbilanz und der steuerlichen GuV abgeleitet.

In der Gesamthandsbilanz (= Steuerbilanz 1. Stufe) stehen alle Wirtschaftsgüter, die der Personengesellschaft zuzurechnen sind (vgl. auch

§§ 718 BGB, 105 Abs. 3 HGB, 161 Abs. 2 HGB). Dies sind das gemeinschaftliche Vermögen (positive Wirtschaftsgüter) sowie die gemeinschaftlichen Schulden (negative Wirtschaftsgüter) und damit als Residualgröße das Eigenkapital der Mitunternehmer.

Weiter mit

Fall 61
Überlegen Sie, ob die Geschäftsräume, die Y in Fall 60 gehören, in deren Gesamthandsbilanz auftauchen, wenn sie gemeinsam eine OHG betreiben.

Nein, natürlich nicht. Sie gehören eben nicht beiden Gesellschaftern gemeinsam, also zur gesamten Hand, sondern allein dem Y. Daher tauchen sie auch nicht in der Gesamthandsbilanz auf.

> Der BFH hat § 15 Abs. 1 Nr. 2 EStG so interpretiert, dass die Personengesellschaft für jeden Mitunternehmer zusätzlich für seine Wirtschaftsgüter eine **Sonderbilanz** zu erstellen hat, sofern er Wirtschaftsgüter besitzt, die
>
> ▶ sich entweder in **seinem Eigentum** befinden und dem **Betrieb der Personengesellschaft dienen**, also von ihr genutzt werden (**Sonderbetriebsvermögen I**),
>
> ▶ oder die nicht von der Personengesellschaft genutzt werden, aber unmittelbar der **Begründung** oder **Stärkung** des **Anteils des Mitunternehmers** dienen, also in einem unmittelbaren wirtschaftlichem Zusammenhang mit dem **Eigenkapital des Mitunternehmers** an der Personengesellschaft stehen (**Sonderbetriebsvermögen II**).
>
> ▶ **Steuerbilanz 1. Stufe** und **Sonderbilanz(en)** zusammen ergeben dann die sogenannte **Steuerbilanz 2. Stufe**.

2 Sonderbetriebsvermögen I

Immer noch Fall 61: Die Personengesellschaft müsste für Y zusätzlich eine Sonderbilanz erstellen, in der sein Sonderbetriebsvermögen I, also der Grundstücksanteil und die Geschäftsräume ausgewiesen werden. Ergänzend hat sie für ihn eine steuerliche GuV zu erstellen, in der seine Erträge und Aufwendungen im Zusammenhang mit der Nutzung und

Veräußerung von Wirtschaftsgütern des Sonderbetriebsvermögens als Sonderbetriebseinnahmen bzw. Sonderbetriebsausgaben erfasst werden.

Da die Geschäftsräume, die Y der OHG zur Verfügung stellt, auch einer planmäßigen Wertminderung unterliegen, muss Y den Abschreibungsaufwand (Sonderbetriebsausgaben) dem Mietertrag (Sonderbetriebseinnahmen) in seiner SonderGuV gegenüber stellen; die Differenz ergibt seinen Gewinn aus der schuldrechtlichen Beziehung zur OHG (Sonderbetriebsergebnis). In der GesamthandsGuV der OHG wird die Miete korrespondierend als Betriebsausgabe gebucht.

Fall 62
„Prima, dann brauche ich ja keine Sonderbilanz zu erstellen, weil ich ja kein Wirtschaftsgut habe, das ich der OHG zur Verfügung stelle" tönt X. Hat er damit Recht?

Natürlich. Die Arbeitsleistung stellt kein Wirtschaftsgut dar. Allerdings hat die Personengesellschaft auch für X eine SonderGuV zu erstellen, weil er durch seine Vergütung für die Arbeitsleistung Sonderbetriebseinnahmen erzielt, die in seiner GuV auszuweisen sind.

Weiter mit

Fall 63
„Das ist doch Quatsch", meint X. Ich habe doch normale Einkünfte aus nichtselbständiger Arbeit und selbst wenn nicht, müsste ich doch bei der geringen Tätigkeitsvergütung keine GuV sondern eine Einnahmenüberschussrechnung erstellen. Hat er Recht?

Nein! Zum einen hat er eben nicht Einkünfte aus nichtselbständiger Arbeit, sondern aus Gewerbebetrieb, weil § 15 Abs. 1 Satz 1 Nr. 2 Satz 1 Halbsatz 2 EStG zu einer Umqualifizierung der Einkünfte des Mitunternehmers führt. Zum anderen hat der BFH ausgeführt, dass bezüglich Gesamthandsvermögen und Sonderbetriebsvermögen immer eine einheitliche Gewinnermittlung (also entweder Bilanzierung oder nach § 4 Abs. 3 EStG) zu erfolgen hat. Die Buchführungsgrenzen des § 141 AO beziehen sich dabei auf das gesamte Betriebsergebnis einschließlich Sonderbetriebsergebnis.

Fall 64

Wie wäre der Fall zu modifizieren, wenn Y den Erwerb seiner Geschäftsräume durch ein Bankdarlehen finanziert hätte?

In diesem Fall würde Y den Kredit in seiner Sonderbilanz als Fremdkapital ausweisen. Und die Darlehenszinsen würden entsprechend als Sonderbetriebsausgabe in der SonderGuV auszuweisen sein.

Fall 65

Die gewerbliche X-Y OHG weist am 01.1.01 ein Eigenkapital i.H.v. 1.900.000 € (je 50 %) und Bankverbindlichkeiten von 3.000.000 € aus, für die im Wirtschaftsjahr 10 % Zinsen gezahlt werden. Die Summe der Aktiva beträgt 4.900.000 €. Im Laufe des Jahres erzielt die OHG Umsatzerlöse i.H.v. 500.000 € und hat Betriebsausgaben i.H.v. 180.000 € (zzgl. Zinsaufwand für das Darlehen i.H.v. 300.000 €). Am 01.01.01 nimmt die OHG ein Darlehen i.H.v. 100.000 € bei X auf, für das die Zinsen (10 %) erst zu Beginn des Folgejahres gezahlt werden. X hat das Darlehen eigenfinanziert. Wie sehen die Sonderbilanzen und SonderGuV zum 31.12.01 aus und wie hoch sind die Einkünfte der Mitunternehmer?

Bei der Lösung sollten Sie zunächst von der Gesamthandsbilanz ausgehen und die schuldrechtlichen Beziehungen zu den Gesellschaftern so behandeln, als wären es fremde Dritte.

In der GesamthandsGuV stehen den Umsatzerlösen der OHG die Betriebsausgaben gegenüber. Aufgrund des Realisationsprinzips gemäß § 5 Abs. 1 Satz 1 Halbsatz 1 EStG i.V.m. § 252 Abs. 1 Nrn. 4 und 5 HGB ist der Zahlungszeitpunkt für den Zinsaufwand irrelevant. Die Betriebsausgaben betragen somit 490.000 €.

Im Wirtschaftsjahr wird folglich ein Gewinn von 10.000 € erwirtschaftet, von dem jedem Gesellschafter 50 % zugerechnet werden. Die GesamthandsGuV enthält also den Gewinn der OHG (§ 15 Abs. 1 Satz 1 Nr. 2 Satz 1 Halbsatz 1 EStG). Er erhöht anteilig das Eigenkapital der Mitunternehmer. Daneben sind in der Gesamthandsbilanz die Darlehensverbindlichkeiten (3.100.000 €) und die Zinsverbindlichkeit (10.000 €) zu passivieren.

Aktivseite	Gesamthandsbilanz (in Euro)		Passivseite
Aktiva	5.020.000	Eigenkapital X	955.000
		Eigenkapital Y	955.000
		Darlehensverbindlichkeiten	3.100.000
		Zinsverbindlichkeit	10.000
	5.020.000		5.020.000

Betriebsausgaben	GesamthandsGuV (in Euro)		Betriebseinnahmen
Zinsaufwand	310.000	Umsatzerlöse	500.000
sonstiger Aufwand	180.000		
Gewinn	10.000		
	500.000		500.000

Anschließend können die Sonderbilanz und SonderGuV des Gesellschafters erstellt werden. Auch hier wird die schuldrechtliche Beziehung wie zu einem fremden Dritten behandelt; § 15 Abs. 1 Satz 1 Nr. 2 Satz 1 Halbsatz 2 EStG.

In der Sonderbilanz des X werden die Darlehens- und Zinsforderung gegenüber der OHG aktiviert. Das Eigenkapital beträgt damit 110.000 €. In seiner SonderGuV weist er den Zinsertrag und damit einen Sondergewinn i.H.v. 10.000 € aus.

Aktivseite	Sonderbilanz X (in Euro)		Passivseite
Darlehensforderung	100.000	Eigenkapital	110.000
Zinsforderung	10.000		
	110.000		110.000

Betriebsausgaben	SonderGuV X (in Euro)		Betriebseinnahmen
Gewinn	10.000	Zinserträge	10.000
	10.000		10.000

Wenn Sie jetzt nochmals den § 15 Abs. 1 Satz 1 Nr. 2 Satz 1 EStG lesen, haben Sie die Lösung. Die Mitunternehmer müssen

▶ ihre Gewinnanteile und

▶ die Vergütungen für die Tätigkeit im Dienst der Mitunternehmerschaft, die Hingabe von Darlehen oder die Überlassung von Wirtschaftsgütern

als Einkünfte aus Gewerbebetrieb versteuern. Damit versteuert Y lediglich seinen Gewinnanteil i.H.v. 5.000 €. X versteuert seinen Gewinnanteil aus der OHG (5.000 €) und sein Sonderbetriebsergebnis (10.000 €). Er hat folglich Einkünfte aus Gewerbebetrieb i.H.v. 15.000 € erzielt.

Leitsatz 23

Steuerbilanz und Steuer-GuV 1. und 2. Stufe

Die Gewinnermittlung in einer Personengesellschaft erfolgt **zweistufig**.

In einer **ersten Stufe** wird der Gewinn (oder Verlust) der Personengesellschaft **einheitlich** ermittelt und auf die Gesellschafter **verteilt**. Schuldrechtliche Verträge zwischen Gesellschaft und Gesellschafter werden dabei zunächst steuerlich anerkannt.

In einer **zweiten Stufe** werden die **Sonderbetriebserfolge** der einzelnen Gesellschafter **gesondert** ermittelt. Von der Gesellschaft bezogene Tätigkeitsvergütungen, Mieten und Darlehenszinsen sind Sonderbetriebseinnahmen. Die entsprechenden Wirtschaftsgüter sind SBV I oder SBV II.

Zur Ermittlung der **Einkünfte aus Gewerbebetrieb** eines Gesellschafters werden gemäß § 15 Abs. 1 Satz 1 Nr. 2 Satz 1 EStG seine Gewinnanteile aus der **SteuerGuV 1. Stufe** und sein Gewinn aus der **SonderGuV** zusammengefasst (sogenannte **einheitliche und gesonderte Gewinnfeststellung** gemäß §§ 179 ff. AO).

3 Sonderbetriebsvermögen II

Bevor Fall 66 zu den Sonderbilanzen die Ergebnisse zusammenfasst, soll auf eine besonders klausur- und praxisrelevante Frage eingegangen werden. Während es für das Sonderbetriebsvermögen I zahlreiche Beispiele gibt, fallen den Prüflingen zum Sonderbetriebsvermögen II in der Regel keine Beispiele ein. Die Definition des BFH ist nebulös, wird aber von ihm selbst durch Anwendungsfälle konkretisiert. Daher der Tipp:

> Den Klassiker für **Sonderbetriebsvermögen II** bildet der Kredit, den der Mitunternehmer aufgenommen hat, um sein Eigenkapital an der Personengesellschaft einzubringen oder aufzustocken. Ein weiteres Beispiel stellt die mittelständische GmbH & Co. KG dar. Der Mitunternehmer ist meist Kommanditist und außerdem an der GmbH beteiligt, die Komplementärin der KG ist. Der BFH geht davon aus, dass die Beteiligung an der GmbH Sonderbetriebsvermögen II des Gesellschafters ist, weil sie indirekt seinen Anteil an der KG stärkt. Dividenden aus dieser GmbH wären entsprechend beim Gesellschafter Sonderbetriebseinnahmen (vgl. auch H 4.2 Abs. 2 EStH, Stichwort: Anteile an Kapitalgesellschaften.
>
> Das Sonderbetriebsvermögen II stellt somit ein Mittel dar, die Stellung des Mitunternehmers in der Mitunternehmerschaft zu stärken (= **Stärkung der Gesellschafterstellung**); R 4.2 Abs. 2 Satz 2 EStR.

4 Sonderbetriebsvermögen bei der GmbH & Co. KG

Fall 66

An der XY-GmbH & Co. KG sind die beiden natürlichen Personen X und Y mit Kommanditeinlagen i.H.v. jeweils 150.000 € sowie die XY-GmbH (Stammkapital 100.000 €) als Komplementär beteiligt. Die Kommanditeinlagen dienten der Finanzierung des mit einer Produktionshalle bebauten Betriebsgrundstücks der KG. Dabei entfielen auf die Halle (betriebsgewöhnliche Nutzungsdauer: 25 Jahre) 250.000 € und auf den Grund und Boden 50.000 € Anschaffungskosten.

Die GmbH, deren Anteile hälftig von X und Y gehalten werden, hat keine Einlage in die KG getätigt. Im Gesellschaftsvertrag der KG ist allerdings eine Haftungsvergütung i.H.v. 10.000 € per anno vereinbart, die die GmbH auch dann erhält, wenn die KG einen Verlust erwirtschaftet.

Die Gewinnverteilung erfolgt laut Gesellschaftsvertrag entsprechend der Haftungseinlagen.

Die XY-GmbH & Co. KG wurde zum 01.01.01 errichtet. Bereits vor ihrer Existenz bestand die XY-GmbH, die ihr gesamtes Anlagevermögen nun komplett an die XY-GmbH & Co. KG vermietet und keinen eigenen Geschäftsbetrieb mehr unterhält. Bei dem vermieteten Anlagevermögen handelt es sich um Maschinen, die im Produktionsablauf der KG benötigt werden (Buchwert am 01.01.01: 500.000 €; die Anlagen sind mit 10.000 € per anno abzuschreiben). Die jährliche Miete beträgt 50.000 €. Zur Finanzierung dieser Anschaffung hatte Y der XY-GmbH ein endfälliges Darlehen i.H.v. 400.000 € gewährt. Diese Verbindlichkeit besteht weiterhin. Der angemessene Zinssatz beläuft sich auf 10% per anno. Die Zinszahlungen erfolgen regelmäßig im Dezember für das laufende Wirtschaftsjahr, das dem Kalenderjahr entspricht. Y hat die Zinszahlung für den Kauf eines privat genutzten PKW verwendet.

- X ist als Geschäftsführer der XY-GmbH angestellt, die wiederum die Geschäfte der XY-GmbH & Co. KG führt. Für das an X gezahlte, branchenübliche Geschäftsführergehalt i.H.v. 80.000 € erhält die XY-GmbH einen Auslagenersatz von der KG.

- Im Wirtschaftsjahr 01 (= Kalenderjahr) erzielt die XY-GmbH & Co. KG außerdem Umsatzerlöse i.H.v. 600.000 €, denen weitere 100.000 € an Personalsowie 60.000 € an Materialaufwendungen gegenüberstehen. Zum Ende des Wirtschaftsjahres 01 betrug das Umlaufvermögen der KG 300.000 € und das Umlaufvermögen der GmbH 20.000 €.

Versuchen Sie zunächst, den Sachverhalt strukturiert darzustellen und nehmen Sie anschließend eine steuerliche Gewinnermittlung vor.

Sie sollten sich für die Lösung zunächst vergegenwärtigen, dass die KG die Gesamthandsbilanz und GuV sowie für die beiden anderen Gesellschafter Sonderbilanzen und GuV aufzustellen hat. Und auch die GmbH ist bilanzierungspflichtig. Beginnen Sie mit dem Gesamthandsvermögen der KG. Sie muss den Grund und Boden, das Gebäude (nach AfA) sowie das Umlaufvermögen aktivieren. Dem steht das Eigenkapital der Gesellschafter X und Y gegenüber.

Lektion 9: Sonderbetriebsvermögen bei Personengesellschaften

Aktivseite	Gesamthandsbilanz KG (in Euro)		Passivseite
Grund und Boden	50.000	Eigenkapital X	295.000
Gebäude	240.000	Eigenkapital Y	295.000
Umlaufvermögen	300.000		
	590.000		590.000

Betriebsausgaben	GesamthandsGuV der KG (in Euro)		Betriebseinnahmen
Haftungsvergütung	10.000	Umsatzerlöse	600.000
Mietaufwand	50.000		
Tätigkeitsvergütung	80.000		
sonstiger Personalaufwand	100.000		
Materialaufwand	60.000		
Gebäude-AfA	10.000		
Gewinn	290.000		
	600.000		600.000

Der Gewinn der KG beträgt also 290.000 €. Er wird zwischen X und Y aufgeteilt (jeweils 145.000 €) und ihren Eigenkapitalkonten gutgeschrieben. Die GmbH erhält keinen Anteil am Gewinn, dafür aber die Haftungs- und Tätigkeitsvergütungen sowie die Miete. Damit ergibt sich für die GmbH der folgende Jahresabschluss.

Aktivseite	Sonder-Bilanz der XY-GmbH (in Euro)		Passivseite
Maschinen	490.000	Stammkapital	100.000
Umlaufvermögen	20.000	Rücklagen	10.000
		Verbindlichkeiten	400.000
	510.000		510.000

Betriebsausgaben	Sonder-GuV der XY-GmbH (in Euro)		Betriebseinnahmen
Zinsaufwand	40.000	Haftungsvergütung	10.000
Tätigkeitsvergütung	80.000	Tätigkeitsvergütung	80.000
Abschreibungen	10.000	Mieterträge	50.000
Gewinn	10.000		
	140.000		140.000

Die Tätigkeitsvergütung stellt für die GmbH im Ergebnis einen durchlaufenden Posten dar, weil sie an X ausgereicht wird. Außerdem entsteht durch das Darlehen, das sie von Y erhalten hat, bei ihr ein Zinsaufwand und bei Y ein Zinsertrag.

Aktivseite	Sonder-Bilanz X (in Euro)		Passivseite
Beteiligung an XY-GmbH	50.000	Eigenkapital	130.000
Bankguthaben	80.000		
	130.000		130.000

Betriebsausgaben	Sonder-GuV X (in Euro)		Betriebseinnahmen
Gewinn	80.000	Tätigkeitsvergütung	80.000
	80.000		80.000

Der Gewinn, den X im Sonderbetriebsvermögen erzielt hat (Sonderbetriebsergebnis), erhöht sein Eigenkapital sowie seine liquiden Mittel. Das ist bei Y anders. Er hat aus den Darlehenszinsen sein privat genutztes Auto finanziert. Es liegt folglich eine Entnahme aus dem Sonderbetriebsvermögen vor. Damit erhöht sich das Eigenkapital des Y temporär durch den Gewinn im Sonderbetriebsvermögen und sinkt dann sofort wieder durch die Entnahme auf den ursprünglichen Wert.

Aktivseite	Sonder-Bilanz Y (in Euro)		Passivseite
Beteiligung an XY-GmbH	50.000	Eigenkapital	450.000
Forderung gegen GmbH	400.000		
	450.000		450.000

Betriebsausgaben	SonderGuV Y (in Euro)		Betriebseinnahmen
Gewinn	40.000	Zinserträge	40.000
	40.000		40.000

Das Darlehen des Y an die XY-GmbH stärkt übrigens indirekt seine Stellung in der KG und ist daher, wie die Beteiligung an der GmbH, Sonderbetriebsvermögen II.

Und noch immer Fall 66: Und welche Einkünfte müssen versteuert werden?

Die KG ist keine Rechtsperson. Sie zahlt also weder Einkommen- noch Körperschaftsteuer, weil diese Personensteuern sind.

Die XY-GmbH muss ihren (Sonderbetriebs-)Gewinn (10.000 €) der Körperschaftsteuer und dem Soli unterwerfen. Dagegen zahlen X und Y Einkommensteuer und Soli. X hat Einkünfte aus Gewerbebetrieb. Sie setzen sich aus seinem Gewinnanteil aus der KG (145.000 €) sowie seinem Sonderbetriebsergebnis (80.000 €) zusammen. Seine gewerblichen Einkünfte betragen also 225.000 €. Y hat ebenfalls Einkünfte aus Gewerbebetrieb. Dies sind der Gewinnanteil aus der KG (145.000 €) sowie sein Sonderbetriebsergebnis (40.000 €). Seine gewerblichen Einkünfte betragen also 185.000 €.

Die KG ist Steuerobjekt der Gewerbesteuer; § 5 Abs. 1 Satz 3 GewStG. Der Gewerbesteuer unterliegt der gesamte Gewerbeertrag einschließlich der Gewinne aus dem Sonderbetriebsvermögen. Dies sind 290.000 € plus 80.000 € plus 40.000 € plus 10.000 €, also 420.000.

Und noch weiter mit unserem Fall 66: Die Gesellschafter sind entsetzt. Sie meinen, dass durch die GewSt-Pflicht der KG und der GmbH, eine Doppelbesteuerung vorliegt. Haben sie Recht?

Nein! Die Tätigkeitsvergütung ist für die GmbH nur ein durchlaufender Posten. Die Miete und die Haftungsvergütung hat die KG als Betriebsausgabe angesetzt. Also liegt auch hier keine Doppelbelastung vor. Ein Problem würde auftreten, wenn die GmbH auch einen Anspruch auf einen Anteil des Gewinns der KG hätte. Dann würde dieser tatsächlich im Gewerbeertrag der KG und der GmbH enthalten sein. Das hat aber auch der Gesetzgeber gesehen und in § 9 Nr. 2 GewStG eine Kürzung für die Mitunternehmerin vorgesehen. Bitte nachlesen!

Ein abschließender Hinweis zu Fall 66: In der Realität werden die Protagonisten wahrscheinlich Steuervorauszahlungen leisten. Die GewSt und KSt (nebst Soli) werden dann in den GuV als Betriebsausgaben gebucht (Steueraufwand). Wurden keine (oder zu geringe) Vorauszahlungen geleistet, müssen entsprechende Steuerrückstellungen gemäß § 249 Abs. 1 Satz 1 HGB i.V.m. § 5 Abs. 1 Satz 1 Halbsatz 1 EStG passiviert werden. Da GewSt, KSt und Soli aber nicht abziehbare Betriebsausgaben sind, wäre der Aufwand außerhalb der Steuerbilanz wieder hinzuzurechnen; § 4 Abs. 5b EStG und § 10 Nr. 2 KStG.

Leitsatz 24

Sonderbetriebsvermögen

Im Sonderbetriebsvermögen werden Wirtschaftsgüter ausgewiesen, die der Gesellschafter seiner Mitunternehmerschaft zur Verfügung stellt, die aber ihm gehören **(Sonderbetriebsvermögen I)** und solche, die nicht von der Personengesellschaft genutzt werden, aber der Begründung oder Stärkung des Eigenkapitals des Mitunternehmers dienen **(Sonderbetriebsvermögen II)**.

Rechtsgrundlage ist § 15 Abs. 1 Satz 1 Nr. 2 Satz 1 Halbsatz 2 EStG, nach dem zu den Einkünften aus Gewerbebetrieb nicht nur die Gewinnanteile des Mitunternehmers gehören, sondern auch die Vergütungen, die der Gesellschafter von der Gesellschaft für seine Tätigkeit im Dienst der Gesellschaft oder für die Hingabe von Darlehen oder für die Überlassung von Wirtschaftsgütern bezogen hat.

Die Gewinnermittlungsart für den Sonderbetriebserfolg entspricht der Gewinnermittlungsart für den Gesamthandserfolg (i.d.R. Steuerbilanzen).

In einer ersten Stufe werden die schuldrechtlichen Beziehungen zwischen Personengesellschaft (Gesamthandsbilanz und -GuV) und Mitunternehmer (Sonderbilanz und -GuV) wie zwischen fremden Dritten bilanziert. Anschließend führt der Mitunternehmer seine bilanziellen Erfolge (Gewinnanteil aus dem Gesamthandsvermögen und Sonderbetriebsergebnis) wieder zusammen (= **additive Gewinnermittlung**).

5 Übertragung von Wirtschaftsgütern zwischen Sonderbetriebs- und Gesamthandsvermögen

Fall 67

X und Y betreiben in Berlin gemeinsam eine OHG. Y ist Eigentümer einer Gewerbeimmobilie, die er der OHG für eine angemessene Miete überlässt. In der Sonderbilanz sind Grund und Boden sowie Gebäude mit jeweils 200.000 € aktiviert. Die stillen Reserven betragen 100.000 €. Er überlegt, ob er die stillen Reserven versteuern muss, wenn er den Grund und Boden sowie das Gebäude in das Gesamthandsvermögen einlegt.

Der Gesetzgeber hat für Übertragungsfälle zwischen Gesamthandsvermögen und Sonderbetriebsvermögen § 6 Abs. 5 EStG geschaffen. Wenn der Steuerpflichtige das Wirtschaftsgut zwischen verschiedenen eigenen Betriebsvermögen verschiebt (bitte § 6 Abs. 5 Satz 1 und 2 EStG lesen!), erfolgt eine Buchwertfortführung. Wenn die Übertragung zwischen Gesamthandsvermögen und Sonderbetriebsvermögen oder vice versa erfolgt, gilt das gleiche, sofern die Übertragung unentgeltlich bzw. gegen Gewährung oder Minderung von Gesellschaftsrechten erfolgt. Y muss die stillen Reserven also grundsätzlich nicht versteuern (§ 6 Abs. 5 Satz 3 Nr. 2 EStG).

IV. Die Abbildung des Gesellschafter- und Rechtsformwechsels

Lektion 10: Gesellschafterwechsel

Auch der Wechsel von Gesellschaftern eines Unternehmens kann bilanzielle Implikationen zur Folge haben. In Lektion 10 wird die Rolle des ausscheidenden Gesellschafters betrachtet aber ebenso die Rolle des Gesellschafters, der die Anteile des Ausscheidenden übernimmt. Dabei ist zunächst kurz der Gesellschafterwechsel bei Kapitalgesellschaften zu beleuchten und eingehender der schwierige Fall des Gesellschafterwechsels bei Personengesellschaften.

1 Gesellschafterwechsel bei Kapitalgesellschaften

Fall 68

X ist an der Fit & Fun GmbH beteiligt. Aufgrund persönlicher Gründe, die hier aus Diskretion nicht eingehender diskutiert werden sollen, will er seine Beteiligung an Z veräußern. Hat dies bilanzielle Auswirkungen?

Ausgangspunkt der Überlegungen ist wieder einmal der Hinweis darauf, dass die Kapitalgesellschaft ein eigenes Rechtssubjekt darstellt. Folglich gehört ihr das Betriebsvermögen. Wenn X also seine Beteiligung an eine andere Rechtsperson veräußert, hat dies für das Betriebsvermögen der Kapitalgesellschaft keine Bedeutung. Oder anders ausgedrückt: Der Sachverhalt hat für den Verkäufer X und den Käufer Z Bedeutung, aber nicht für die Gesellschaft. Das lässt sich einfach anhand eines praktischen Beispiels verdeutlichen. Wenn Sie etwa Aktien eines DAX-Unternehmens besitzen und diese verkaufen, kann das keine unmittelbaren Folgen für die Bilanzierung des Unternehmens haben. Denken Sie kurz darüber nach!

Steuerlich gibt es für den Verkäufer natürlich eine Reihe von Folgen. Diese sollen hier jedoch nicht behandelt werden. Vielmehr sei auf Steuerrecht – *leicht gemacht*®, Lektion 11 verwiesen.

2 Gesellschafterwechsel bei Personengesellschaften

2.1 Eintritt in eine Personengesellschaft

Tritt ein neuer Gesellschafter in eine Personengesellschaft ein, so muss er zunächst eine Gegenleistung erbringen, um Gesellschaftsrechte zu erwerben.

▌ Fall 69

A, B und C sind Gesellschafter der Fit & Fun OHG. D möchte ebenfalls Gesellschafter werden. Was könnte D den Gesellschaftern anbieten, damit sie ihn in die OHG aufnehmen?

D hat eine Reihe von Möglichkeiten, den Altgesellschaftern seinen Eintritt schmackhaft zu machen. Die klassischen Fälle sind dabei:

▶ Die Einlage von Bargeld (Bareinlage)

▶ die Einbringung eines Einzelunternehmens oder eines Mitunternehmeranteils in die Gesellschaft

▶ die Einlage von sonstigen Wirtschaftsgütern (Sacheinlage)

▶ oder der Kauf eines Gesellschaftsanteils von einem Altgesellschafter (Gesellschafterwechsel)

> Der Gesetzgeber deutet den Eintritt in eine Personengesellschaft übrigens anders, als Studierende sich das vorstellen. Wird z.B. ein neuer Gesellschafter durch Erbringung einer Bareinlage in die Personengesellschaft aufgenommen, besteht der Beitrag des neuen Gesellschafters in der Einlage, aber zugleich besteht der Beitrag der Altgesellschafter in der Einbringung ihrer Personengesellschaft in eine neue Personengesellschaft! Auch hier liegt also (seitens der Altgesellschafter) die Einbringung von Mitunternehmeranteilen in die neue Gesellschaft vor. Die alte Personengesellschaft wird quasi in die neue „eingelegt". Daher wird der Sachverhalt auch durch das **Umwandlungssteuergesetz**, konkret durch **§ 24 UmwStG** geregelt.

Weiter mit Fall 69: Die vereinfachte Gesamthandsbilanz der OHG hat vor Eintritt des D folgendes Aussehen:

Aktivseite	Gesamthandsbilanz der Alt-OHG (in Euro)		Passivseite
Grundstücke	200.000	Eigenkapital A	100.000
Gebäude	300.000	Eigenkapital B	100.000
sonstiges Anlagevermögen	80.000	Eigenkapital C	50.000
sonstiges Umlaufvermögen	400.000	Verbindlichkeiten	750.000
Bankguthaben	20.000		
	1.000.000		1.000.000

Bringt nun der Neugesellschafter D Bargeld, sein Einzelunternehmen, einen Teilbetrieb oder einen Mitunternehmeranteil in die „neue" OHG ein, so werden diese Wirtschaftsgüter gemäß § 24 Abs. 2 Satz 1 UmwStG grundsätzlich mit ihrem gemeinen Wert (Marktwert) aktiviert und in gleicher Höhe das Eigenkapitalkonto des D ausgewiesen. Bei anderen Wirtschaftsgütern greift für ihn grundsätzlich § 6 Abs. 1 Nr. 5 Satz 1 EStG (Teilwertansatz).

Immer noch weiter mit Fall 69: D erbringt eine Bareinlage i.H.v. 100.000 €, die dem betrieblichen Bankkonto gutgeschrieben wird. Wie sieht die vereinfachte Gesamthandsbilanz der „neuen" OHG nach Eintritt des D aus?

Aktivseite	Gesamthandsbilanz der neuen OHG (in Euro)		Passivseite
Grundstücke	200.000	Eigenkapital A	100.000
Gebäude	300.000	Eigenkapital B	100.000
sonstiges Anlagevermögen	80.000	Eigenkapital C	50.000
sonstiges Umlaufvermögen	400.000	Eigenkapital D	100.000
Bankguthaben	120.000	Verbindlichkeiten	750.000
	1.100.000		1.100.000

Wie Sie sehen, ist das Ergebnis wenig spektakulär. Es handelt es sich um eine schlichte Bilanzverlängerung. Werden die künftigen Gewinne laut Gesellschaftsvertrag nach den Eigenkapitalkonten verteilt, werden A, B und C in Zukunft weniger vom Kuchen abbekommen, weil nunmehr ein weiterer Esser am Tisch sitzt. Dafür wird der Kuchen aber auch größer!

Weiter mit Fall 69: „Stopp!" erregt sich A. „In dem Grundstück sind doch stille Reserven enthalten, weil der gemeine Wert nicht 200.000 €, sondern 450.000 € beträgt. Es kann doch nicht sein, dass der Neue auch davon etwas abbekommt!". Sehen Sie das auch so?

Das ist schon nachvollziehbar. Diese stillen Reserven ergeben sich aus Wertsteigerungen der Vergangenheit. Werden Sie beim „Eintrittsgeld" nicht berücksichtigt, partizipiert D daran, ohne eine Gegenleistung erbracht zu haben.

> **Stille Reserven** entstehen durch die **systematische Unterbewertung** von Wirtschaftsgütern. Hierfür gibt es zwei Ursachen. Zum einen sorgt das Realisationsprinzip dafür, dass aktivierte Wirtschaftsgüter höchstens mit ihren Anschaffungs- oder Herstellungskosten (historischer Wert) bewertet werden dürfen. Wenn aber der gemeine Wert über den (ggf. fortgeführten) historischen Wert steigt, wird diese Wertsteigerung nach § 6 Abs. 1 Nrn. 1 und 2 EStG nicht bilanziert und es entstehen stille Reserven, also bilanziell versteckte Werte. Zum anderen dürfen manche Wirtschaftsgüter nicht aktiviert werden. Dies betrifft insbesondere originäre immaterielle Wirtschaftsgüter des Anlagevermögens (§ 5 Abs. 2 EStG). Hierunter fällt auch der selbst geschaffene **Geschäftswert**; auch er stellt einen bilanziell versteckten Wert, also eine stille Reserve dar.

Ein Problem taucht demnach auf, wenn stille Reserven in den eingebrachten Einzelunternehmen oder Personengesellschaften bzw. in den eingelegten sonstigen Wirtschaftsgütern gespeichert sind. Daher ist zunächst zu klären, ob diese stillen Reserven anlässlich der Einbringung/Einlage in die neue Personengesellschaft aufzulösen sind. A, B und C könnten sie z.B. auflösen (und damit auch anteilig versteuern). Dann würde die Bilanz der neuen OHG im Fall 69 wie folgt aussehen:

Aktivseite	Gesamthandsbilanz der neuen OHG mit Ansatz zum gemeinen Wert (in Euro)		Passivseite
Grundstücke	450.000	Eigenkapital A	200.000
Gebäude	300.000	Eigenkapital B	200.000
sonstiges Anlagevermögen	80.000	Eigenkapital C	100.000
sonstiges Umlaufvermögen	400.000	Eigenkapital D	100.000
Bankguthaben	120.000	Verbindlichkeiten	750.000
	1.350.000		1.350.000

Fall 70

Das finden A, B und C auch wieder doof. Natürlich gefällt Ihnen an dieser Bilanz, dass ihre Eigenkapitalkonten nun höher sind und sie damit bei späteren Gewinnverteilungen einen höheren Anteil erhalten. Andererseits wollen sie aber nicht auf die stillen Reserven Steuern bezahlen, nur weil D in die Gesellschaft eingetreten ist. Also finden sie die Buchwertfortführung irgendwie doch attraktiver. Was ist zu tun?

Zunächst muss man sich vergegenwärtigen, dass die stillen Reserven irgendwann einmal doch versteuert werden müssen. Das ist spätestens bei Verkauf des Grundstücks oder Liquidation der Gesellschaft der Fall. Sinnvoll wäre es aber, dass der Gewinn, der dadurch entsteht, auch nur den Altgesellschaftern A, B und C zugute kommt und auch nur von diesen versteuert wird. Am besten wäre es also, wenn in der neuen Gesamthandsbilanz die gemeinen Werte stehen, aber in einer Nebenrechnung festgehalten wird, dass die stillen Reserven von A, B und C noch nicht versteuert werden (bitte über diesen Satz länger nachdenken!).

Bezüglich der stillen Reserven gewährt § 24 Abs. 2 Satz 2 UmwStG unter den dort genannten Voraussetzungen tatsächlich ein Wahlrecht: Der Einbringende (hier sind das A, B und C) darf die stillen Reserven in die neue Gesellschaft übertragen (Buchwerteinbringung) oder anlässlich der Einbringung teilweise (Zwischenwerteinbringung) oder voll (Einbringung zum gemeinen Wert) auflösen. Bei der Einbringung zum gemeinen Wert ist auch ein möglicher Geschäfts- oder Firmenwert zu aktivieren. Die Zwischenwerteinbringung und die Einbringung zum gemeinen Wert bewirken einen Einbringungsgewinn gemäß § 24 Abs. 2 Satz 1 i.V.m. Abs. 3 Satz 1 UmwStG i.V.m. § 16 Abs. 1 Satz 1 Nr. 2 EStG. Dieser unterliegt der ESt aber nicht der GewSt. Die zweifelhafte Begründung für diese Einladung zu Steuerlastgestaltungen ist, dass es sich nicht um einen laufenden Gewinn handelt und nur dieser der GewSt unterliegen würde. Sollte der Einbringende jedoch eine Kapitalgesellschaft sein, würde GewSt anfallen (§ 7 Satz 2 GewStG).

Die Einbringung zum gemeinen Wert wäre bilanziell unproblematisch. Wie in der eben dargestellten Gesamthandsbilanz würden die Wirtschaftsgüter mit ihren gemeinen Werten auszuweisen sein und die Altgesellschafter müssten den Einbringungsgewinn anteilig versteuern. Aber gerade dies wollen sie mit der Buchwerteinbringung verhindern.

Daher zurück zum Fall 70: Es soll also gewährleistet werden, dass im Fall 70 die Gewinne im vereinbarten Verhältnis 2:2:1:1 verteilt, die stillen Reserven jedoch noch nicht versteuert werden. Bei späterer Auflösung sollen sie dann nur A, B und C zugerechnet und von ihnen versteuert werden. Hierfür gibt es theoretisch zwei Möglichkeiten:

1. Eine Buchwerteinbringung mit Anpassung der Gewinnverteilung.

2. Ergänzungsbilanzen der Gesellschafter.

zu 1. Anpassung der Gewinnverteilung:
Die Gesellschaft könnte die Buchwerte fortführen. Die Gesellschafter müssten für die Zukunft vereinbaren, in jedem Wirtschaftsjahr den Gewinn in einen „echten Gewinn", der verteilt wird, und in einen Buchgewinn aus der Auflösung eingebrachter stiller Reserven, der A, B und C zugerechnet wird, zu zerlegen. Dass dies sehr umständlich ist, sollte unmittelbar einleuchten.

zu 2. Ergänzungsbilanzen von A, B und C:
In der Gesamthandsbilanz der Gesellschaft werden die stillen Reserven bei Einbringung in voller Höhe aufgelöst. Dort werden folglich künftig nur noch „neue Gewinne" ausgewiesen, die zwischen den Gesellschaftern vereinbarungsgemäß im Verhältnis 2:2:1:1 verteilt werden können. Um zugleich die sofortige Besteuerung der stillen Reserven zu verhindern, führen A, B und C ergänzend noch eigene Bilanzen, sogenannte negative Ergänzungsbilanzen.

Leitsatz 25

Ergänzungsbilanzen

Positive und negative Ergänzungsbilanzen sind keine Bilanzen im Rechtssinne. Sie stellen vielmehr rein steuerliche Nebenrechnungen zur Gesamthandsbilanz in Bilanzform dar. Sie weisen auch keine Wirtschaftsgüter aus, sondern **Korrekturposten** zu Wirtschaftsgütern des Gesamthandsvermögens, die nicht alle Gesellschafter betreffen.

In der Gesamthandsbilanz werden somit zunächst die stillen Reserven aufgelöst und dann für die Altgesellschafter in den Ergänzungsbilanzen korrigiert. Aus Platzgründen sei nur die Ergänzungsbilanz des A dargestellt. B und C führen ebenfalls Ergänzungsbilanzen:

Aktivseite	Gesamthandsbilanz der neuen OHG mit gemeinen Werten (in Euro)		Passivseite
Grundstücke	450.000	Eigenkapital A	200.000
Gebäude	300.000	Eigenkapital B	200.000
sonstiges Anlagevermögen	80.000	Eigenkapital C	100.000
sonstiges Umlaufvermögen	400.000	Eigenkapital D	100.000
Bankguthaben	120.000	Verbindlichkeiten	750.000
	1.350.000		1.350.000

A (ebenso B und C) korrigiert sein Eigenkapitalkonto sowie seine anteiligen aufgelösten stillen Reserven. Sie werden also „wieder still".

Aktivseite	negative Ergänzungsbilanz des A (in Euro)		Passivseite
Minderkapital A	100.000	Grundstücke	100.000
	100.000		100.000

Die negative Ergänzungsbilanz des B sieht identisch aus. C erstellt eine Ergänzungsbilanz bei der das Minderkapital 50.000 € beträgt, weil sich sein Anteil an den stillen Reserven des Grundstücks auf nur 50.000 € beläuft.

Im Ergebnis können nun die künftigen Gewinne nach der Gesamthandsbilanz im Verhältnis 2:2:1:1 verteilt werden. Wenn die Gesellschafter aber für die steuerliche Gewinnermittlung ihren jeweiligen Eigenkapitalanteil aus der Gesamthandsbilanz mit dem Korrekturposten aus der jeweiligen Ergänzungsbilanz addieren, liegt keine Eigenkapitalveränderung im Vergleich zur alten Bilanz vor. Sie haben folglich auch keine stillen Reserven aufgelöst und versteuert.

Fall 71
ist eine Modifikation von Fall 70:

Gesellschafter A, B und C sind über das Vorgehen zerstritten. Während A mit dem gefundenen Ergebnis (Buchwertansatz) zufrieden ist, weil er seine stillen Reserven auf keinen Fall jetzt auflösen und versteuern will, tendiert C eher zu einer Auflösung (also Ansatz zum gemeinen Wert), da er aus einer anderen Einnahmequelle Verluste erzielt hat, diese gerne mit dem Einbringungsgewinn aus den aufgelösten stillen Reserven verrechnen und weil er die Begünstigung nach § 24 Abs. 3 Satz 2 UmwStG i.V.m. §§ 16 Abs. 4 und 34 EStG in Anspruch nehmen will. B wiederum findet das alles nur aufregend und will einen Zwischenwert ansetzen, um die Hälfte seiner anteiligen stillen Reserven zu versteuern. Wie würde sich die Lösung ändern?

A würde die dargestellte negative Ergänzungsbilanz erstellen und damit im Ergebnis die stillen Reserven still lassen. C hingegen bräuchte keine Ergänzungsbilanz zu erstellen. In der Gesamtbilanz sind ja die stillen Reserven aufgelöst und eine Ergänzungsbilanz wäre nur erforderlich, wenn er sie wieder „still bekommen" will. B hat sich für einen Zwischenwert entschieden. Die stillen Reserven sind in der Gesamthandsbilanz aufgelöst und ihm anteilig i.H.v. 100.000 € zugerechnet worden. Will er nun nur die Hälfte „seiner" stillen Reserven aufdecken, muss er eine negative Ergänzungsbilanz erstellen, die eine Korrektur um 50.000 € enthält:

Aktivseite	negative Ergänzungsbilanz des B (in Euro)		Passivseite
Minderkapital B	50.000	Grundstücke	50.000
	50.000		50.000

Weiterführung von Fall 71: „Und wie geht das Ganze später aus?" fragt sich A. „Irgendwie müssen die Ergänzungsbilanzen ja wieder aufgelöst werden." Haben Sie eine Idee?

Wenn Sie verstanden haben, dass die Ergänzungsbilanzen keine eigenständigen Konstruktionen sind, sondern lediglich Nebenrechnungen zur Korrektur der Werte in der Gesamthandsbilanz, ist auch der Rest für Sie nachvollziehbar. Wenn das Grundstück verkauft wird, haben in unserem Fall auch die Ergänzungsbilanzen ihre Daseinsberechtigung verloren.

Fall 72

Was würde passieren, wenn das Grundstück in ein paar Jahren für 600.000 € mit aufstehendem Gebäude (für 300.000 €) verkauft wird?

Nähern Sie sich der Lösung zunächst an, indem Sie eine Gewinnaufspaltung vornehmen. Verkauft wurde das Grundstück für 600.000 €. Der Buchwert in der Gesamthandsbilanz beträgt zu diesem Zeitpunkt voraussichtlich noch immer 450.000 € (es ist nicht planmäßig abzuschreiben). Damit sind also 150.000 € an „neuen" stillen Reserven von allen Gesellschaftern zu versteuern. Das heißt, anteilig erhöhen sich somit die Eigenkapitalkonten von A und B um jeweils 50.000 € sowie von C und D um 25.000 €. Das sollte unproblematisch sein. Außerdem sind „alte" stille Reserven i.H.v. 250.000 € zu versteuern. Während C seinen alten Anteil durch den Ansatz zum gemeinen Wert bereits voll versteuert hat, muss A weitere 100.000 € versteuern und B durch den Zwischenwertansatz ebenfalls 50.000. Die beiden Gesellschafter würden also jeweils eine ErgänzungsGuV erstellen, die den Gewinn aus der Auflösung der anteiligen alten stillen Reserven ausweist. Danach wären die Ergänzungsbilanzen aufgelöst. Im Ergebnis versteuern sie:

	Versteuern bei Eintritt	Versteuern bei Verkauf		Gesamt
		Alte stille Reserven	Neue stille Reserven	
A	0 €	100.000 €	50.000 €	150.000 €
B	50.000 €	50.000 €	50.000 €	150.000 €
C	50.000 €	0 €	25.000 €	75.000 €
D	0 €	0 €	25.000 €	25.000 €

Probe: Der alte Buchwert des Grundstücks betrug 200.000 €, der Veräußerungspreis 600.000 € Damit müssten insgesamt 400.000 € versteuert werden. Bei Eintritt des D in die Gesellschaft haben B und C jeweils 50.000 € stille Reserven aufgelöst und versteuert. Im Zeitpunkt der Veräußerung wurden zusätzlich von den vier Gesellschaftern (anteilig) 300.000 € versteuert. Der Fiskus ist also zu seinem Recht gekommen.

Fall 73
ist eine Modifikation von Fall 72:

Wie Sie sehen, stellen Ergänzungsbilanzen keine große intellektuelle Herausforderung dar, sofern man bilanzieren kann; sie sind eher ein technisches Problem. Dieses Problem wird noch etwas größer, wenn die stillen Reserven in einem Wirtschaftsgut stecken, das der planmäßigen Abschreibung unterliegt. Was würde also passieren, wenn die alten stillen Reserven i.H.v. 250.000 € nicht in einem Grundstück stecken, sondern in einer maschinellen Anlage, deren Restnutzungsdauer fünf Jahre und deren Buchwert 200.000 € beträgt? Unterstellen Sie eine jährliche AfA vom Buchwert i.H.v. 40.000 €.

Nähern wir uns der Antwort wieder Schritt für Schritt. Wenn in der Gesamthandsbilanz die stillen Reserven aufgelöst wurden und die Korrekturen in den (negativen) Ergänzungsbilanzen erfolgen, stehen auch in der GesamthandsGuV die (höheren) jährlichen Abschreibungsaufwendungen (90.000 €), weil in der Gesamthandsbilanz vom gemeinen Wert (450.000 €) abgeschrieben wird. Das würde aber die Altgesellschafter A und B unzulässig steuerlich begünstigen, die ihre alten stillen Reserven nicht bei Eintritt versteuert haben. Es kann nicht sein, dass sie den niedrigeren Buch- oder Zwischenwert ansetzen, um die Besteuerung der stillen Reserven zeitlich herauszuzögern und zugleich an den höheren (und damit steuermindernden) Abschreibungen partizipieren. Wenn die Maschine über die Nutzungsdauer voll abgeschrieben wird und nach fünf Jahren tatsächlich nur noch schrottreif ist (Wert 0 €), würden die Altgesellschafter A und B ihre alten anteiligen stillen Reserven letztlich nie versteuern.

Die Lösung liegt wieder in den Ergänzungsbilanzen. Gesellschafter A und B korrigieren die zu hohen anteiligen Abschreibungen in der jeweiligen ErgänzungsGuV. In der GesamthandsGuV werden 90.000 € Abschreibungsaufwand pro Wirtschaftsjahr gebucht (450.000 €/5). Hätte man bei Eintritt des D in der Gesamthandsbilanz den alten Buchwert (200.000 €) fortgeführt, wären jährlich nur 40.000 € (200.000 €/5)

Abschreibungsaufwand zu berücksichtigen gewesen. Aus Sicht des A sind die jährlichen Abschreibungen also um 50.000 € zu hoch. Er war vor Eintritt des D mit Zwei Fünftel (2:2:1) an der Gesellschaft beteiligt. Anteilig werden ihm also 20.000 € zuviel Abschreibungen pro Wirtschaftsjahr zugerechnet. Diese korrigiert er Jahr für Jahr in seiner ErgänzungsGuV.

Aktivseite	Ergänzungsbilanz des A bei Eintritt des D (in Euro)		Passivseite
Minderkapital A	100.000	Maschinelle Anlagen	100.000
	100.000		100.000

Betriebsausgaben	ErgänzungsGuV des A		Betriebseinnahmen
Mehrgewinn	20.000	MinderAfA	20.000
	20.000		20.000

Damit sinkt das Minderkapital des A pro Wirtschaftsjahr um 20.000 €.

Aktivseite	Ergänzungsbilanz des A ein Jahr nach Eintritt des D (in Euro)		Passivseite
Minderkapital A	80.000	Maschinelle Anlagen	80.000
	80.000		80.000

Da das Minderkapital nur eine Korrektur des Eigenkapitalkontos des A in der Gesamthandsbilanz darstellt, mindert sich sein Eigenkapital im nächsten Wirtschaftsjahr insgesamt nicht mehr um 100.000 € (anteilige stille Reserven), sondern nur noch um 80.000 €. Anders ausgedrückt: Er hat von den anteiligen stillen Reserven im ersten Wirtschaftsjahr 20 % aufgelöst und versteuert. Würde dies (entsprechend der unterstellten Nutzungsdauer) fünf Jahre lang erfolgen, wären mit der vollständigen Abschreibung des Wirtschaftsguts auch seine stillen Reserven aufgelöst und versteuert. Die Lösung für B erfolgt dann analog.

2.2 Austritt aus einer Personengesellschaft

Auch wenn ein Gesellschafter aus einer Personengesellschaft ausscheidet, können sich bilanzielle Besonderheiten ergeben. Der Anteil des ausscheidenden Gesellschafters kann von anderen Gesellschaftern (man spricht hier von Anwachsung i.S.d. § 738 BGB) oder von einem neuen

Gesellschafter übernommen werden. Der Übernehmende findet den ausscheidenden Gesellschafter ab, wobei sich die Höhe der Abfindung nach dem Gesellschaftsvertrag oder einer individuellen Kaufpreisvereinbarung richtet. Es ist also zunächst danach zu unterscheiden, ob seine Gesellschaftsrechte an (einen bzw. mehrere) Altgesellschafter übergehen oder ob er die Anteile an einen neuen Gesellschafter verkauft.

Fall 74

A, B und C sind Gesellschafter der Fit & Fun OHG. C möchte aus der Gesellschaft ausscheiden und verkauft seinen Anteil an D. Die vereinfachte Gesamthandsbilanz der OHG hat vor Eintritt des D folgendes Aussehen:

Aktivseite	Gesamthandsbilanz der Alt-OHG (in Euro)		Passivseite
Grundstücke	200.000	Eigenkapital A	100.000
Gebäude	300.000	Eigenkapital B	100.000
sonstiges Anlagevermögen	80.000	Eigenkapital C	50.000
sonstiges Umlaufvermögen	400.000	Verbindlichkeiten	750.000
Bankguthaben	20.000		
	1.000.000		1.000.000

Welche bilanziellen Folgen ergeben sich?

Wie so oft im Leben kommt es darauf an ...

Der einfachste Fall wäre, dass D dem C seinen Anteil zum ausgewiesenen Buchwert des Eigenkapitals (hier: 50.000 €) abkauft. Die neue Gesamthandsbilanz würde mit der alten identisch sein, allerdings mit dem kleinen Unterschied, dass nunmehr auf der Passivseite nicht mehr C, sondern D als Gesellschafter steht. Sind jedoch stille Reserven in den Wirtschaftsgütern enthalten, wird sich C mit 50.000 € nicht zufrieden geben.

Weiter mit Fall 74: In dem Grundstück sind 250.000 € stille Reserven enthalten. Da C an der OHG mit 20% beteiligt ist (Beteiligungsverhältnis 2:2:1), möchte er von D auch 20% der stillen Reserven entgolten haben. Der Kaufpreis wird also mit 100.000 € festgelegt. Welche bilanziellen Auswirkungen hat das?

In der Gesamthandsbilanz übernimmt D zunächst einfach das Eigenkapitalkonto des C. Würde das Grundstück aber später für 450.000 € verkauft, müsste er auf den Veräußerungsgewinn (250.000 €) anteilig Steuern bezahlen. Dieser anteilige Gewinn wären genau die 50.000 €, die er dem C bereits durch den Kaufpreis entgolten hat. Damit würde aber zunächst C die stillen Reserven versteuern (durch den Kaufpreis) und später nochmals D (durch die Veräußerung des Grundstücks). Diese Doppelbesteuerung wird vermieden, indem D eine positive Ergänzungsbilanz erstellt, die die durch den Kauf aufgelösten stillen Reserven ausweist. Damit werden die Anschaffungskosten des D insgesamt zutreffend wiedergegeben. Das Ergebnis sieht wie folgt aus:

Aktivseite	Gesamthandsbilanz der OHG nach Eintritt des D (in Euro)		Passivseite
Grundstück	200.000	Eigenkapital A	100.000
Gebäude	300.000	Eigenkapital B	100.000
sonstiges Anlagevermögen	80.000	Eigenkapital D	50.000
sonstiges Umlaufvermögen	400.000	Verbindlichkeiten	750.000
Bankguthaben	20.000		
	1.000.000		1.000.000

Aktivseite	Ergänzungsbilanz des D (in Euro)		Passivseite
Grundstück	50.000	Mehrkapital	50.000
	50.000		50.000

Die jährliche Gewinnverteilung kann durch die Gesamthandsbilanz erfolgen. Bei Verkauf des Grundstücks und damit Auflösung der stillen Reserven müssen A und B ihre anteiligen stillen Reserven versteuern, aber nicht D, weil er zugleich seine Ergänzungsbilanz erfolgswirksam auflöst.

Fall 75
ist eine Modifikation von Fall 74:
Theoretisch könnte C dem D seinen Anteil auch für weniger als 50.000 € verkaufen. Was können Ursachen und bilanzielle Folgen sein?

Zunächst ist denkbar, dass C einfach ein Idiot ist. Von diesem Fall wollen wir aber absehen. Es könnte auch sein, dass C und D sich persönlich nahe stehen und daher eine Schenkung vorliegt. Schenkungsteuerliche Konsequenzen wären zu prüfen. Bilanziell wäre in diesem Fall das Eigenkapitalkonto jedoch durch den neuen Gesellschafter schlicht fortzuführen (§ 6 Abs. 3 Satz 1 EStG). Auch eine dritte Möglichkeit ist denkbar, aber unrealistisch: Der Ertragswert des Unternehmens ist geringer als das ausgewiesene Betriebsvermögen. In diesem Fall hätte aber eigentlich eine Teilwertabschreibung bei den aktiven Wirtschaftsgütern erfolgen können. Ist sie nicht erfolgt, wäre eine Abstockung der Wirtschaftsgüter (Teilwertabschreibung) vorzunehmen. Ergebnis: Der Fall, dass der Gesellschaftsanteil „unter Wert" verkauft wird, ist eher weniger realistisch.

Zurück zu Fall 74: C möchte aus der Gesellschaft ausscheiden, findet aber keinen Käufer. A bietet ihm an, seine Anteile für einen angemessenen Preis zu übernehmen. Welche bilanziellen Folgen sehen Sie?

Auch hier ist eine Fallunterscheidung zu treffen. Im einfachsten Szenario sind wieder keine stillen Reserven vorhanden. A vergütet dem C sein Kapitalkonto (50.000 €) und weist nunmehr in der OHG, die er mit B betreibt, ein Eigenkapital i.H.v. 150.000 € aus. Im zweiten Szenario sind stille Reserven vorhanden, die sich C vergüten lässt. Das Ergebnis sollte Ihnen nun klar sein: In der Gesamthandsbilanz werden die stillen Reserven beibehalten, lediglich die Kapitalkonten von C und A werden jetzt zusammengefasst. Außerdem erstellt A eine positive Ergänzungsbilanz.

Aktivseite	Gesamthandsbilanz der OHG (in Euro)		Passivseite
Grundstück	200.000	Eigenkapital A	150.000
Gebäude	300.000	Eigenkapital B	100.000
sonstiges Anlagevermögen	80.000	Verbindlichkeiten	750.000
sonstiges Umlaufvermögen	400.000		
Bankguthaben	20.000		
	1.000.000		1.000.000

Aktivseite	Ergänzungsbilanz des A (in Euro)		Passivseite
Grundstück	50.000	Mehrkapital	50.000
	50.000		50.000

Fall 76
ist ein interessanter Sonderfall:

A, B und C sind Gesellschafter der Fit & Fun OHG. C ist ein chronischer Choleriker und pöbelt regelmäßig die Kundschaft an. A und B beschließen, ihn aufgrund seines geschäftsschädigenden Verhaltens „zu entsorgen". Die vereinfachte Gesamthandsbilanz der OHG hat vor Austritt des C folgendes Aussehen:

Aktivseite	Gesamthandsbilanz der Alt-OHG (in Euro)		Passivseite
Grundstücke	200.000	Eigenkapital A	100.000
Gebäude	300.000	Eigenkapital B	100.000
sonstiges Anlagevermögen	80.000	Eigenkapital C	50.000
sonstiges Umlaufvermögen	400.000	Verbindlichkeiten	750.000
Bankguthaben	20.000		
	1.000.000		1.000.000

In dem Grundstück sind wieder einmal 250.000 € stille Reserven enthalten, von denen 50.000 € auf C entfallen. A und B bieten ihm also 100.000 € dafür an, dass er das Unternehmen verlässt. „Nur über meine Leiche", brüllt C daraufhin. A und B denken über diese interessante Option nach, verwerfen sie jedoch aus strafrechtlichen Erwägungen. Vielmehr kaufen sie die Anteile des C zähneknirschend für 130.000 € in bar. Welche bilanziellen Folgen hat der Sachverhalt?

Die Rechtsprechung hat hierfür die Person des lästigen Gesellschafters geschaffen. Seziert man den Kaufpreis, so ergeben sich drei Bestandteile:

▶ 50.000 € wurden für das anteilige Reinvermögen in der Gesamthandsbilanz, also das Eigenkapital des C, bezahlt.

▶ 50.000 € wurden für die anteiligen stillen Reserven des C bezahlt.

▶ 30.000 € wurden bezahlt, um ihn schlicht los zu werden.

Der erste Teil lässt sich leicht darstellen. Das Kapitalkonto des C wird aufgelöst. Dafür erwerben A und B neue Gesellschaftsrechte. Durch weitere 50.000 € werden die stillen Reserven vergütet. Man könnte hierin eine Art nachträgliche Anschaffungskosten sehen, die A und B für das Grundstück aufwenden. Der Buchwert des Grundstücks muss also (zu Gunsten der Gesellschaftsrechte von A und B) aufgestockt werden. Die restlichen 30.000 € werden gezahlt, ohne dafür einen bilanziellen Gegenwert zu schaffen. Sie sind schlicht Betriebsausgaben. Wie ist das aber zu buchen?

Zunächst müssen A und B das notwendige Geld einlegen:

Kasse	130.000 €	an	Eigenkapital A	65.000 €
		an	Eigenkapital B	65.000 €

Dann erfolgt die Zahlung an C:

Eigenkapital C	50.000 €			
Grundstück	50.000 €	an	Kasse	130.000 €
Sonstiger betrieblicher Aufwand	30.000 €			

Das Eigenkapital von A und B erhöht sich also zunächst um jeweils 65.000 €. Da aber Betriebsausgaben i.H.v. 30.000 € angefallen sind, mindern diese den Gewinn der OHG und damit nach Abschluss der GuV anteilig das Eigenkapital der Gesellschafter A und B um je 15.000 €. Im Ergebnis erhöht sich das Eigenkapital der beiden um je 50.000 €. Oder anders ausgedrückt: Jeder von ihnen hat für 50.000 € Gegenwerte von C erhalten, die restlichen 30.000 € sind lediglich für den Seelenfrieden.

Modifikation von Fall 76: Wenn A und B den Kaufpreis unmittelbar aus ihren privaten Mitteln bestritten hätten, würde sich die betriebliche Buchung verkürzen:

Eigenkapital C	50.000 €	an	Eigenkapital A	65.000 €
Grundstück	50.000 €		Eigenkapital B	65.000 €
Sonstiger betrieblicher Aufwand	30.000 €			

Leitsatz 26 fasst die Ergebnisse nochmals zusammen:

Leitsatz 26

Austritt aus einer Personengesellschaft

Die **Abfindung** an den Ausscheidenden kann **höher, geringer** oder **gleich** seinem **Eigenkapitalkonto** sein. Höhere Abfindungen haben ihre Ursache in der Regel in stillen Reserven und führen zu **Buchwertaufstockungen** (Ausnahme: Lästiger Gesellschafter); geringere Abfindungen haben ihre Ursache häufig in betrieblichen Gründen und führen dann zu **Buchwertabstockungen** (Abschreibungen), bei **privaten Gründen** erfolgt **keine Abschreibung**. Werden die Anteile von allen übrigen Gesellschaftern übernommen, kann die Korrektur in der Gesamthandsbilanz erfolgen, ansonsten über (mindestens) eine Ergänzungsbilanz.

Die Ursachen und bilanziellen Folgen lassen sich wie folgt in Übersicht 13 zusammenfassen:

Übersicht 13: Austritt aus einer Personengesellschaft

Sach-verhalte	Ursachen	Behandlung in der „neuen" Steuerbilanz
Abfindung = EK-Konto	– keine stillen Reserven oder – keine Vergütung der stillen Reserven gemäß Gesellschaftsvertrag	– Einfache Eigenkapitalumbuchung vom Ausscheidenden zum übernehmenden Gesellschafter
Abfindung > EK-Konto	– Stille Reserven werden vergütet und/oder – Geschäftswert wird vergütet – „lästiger" Gesellschafter	– Prozentuale Aufstockung der Wirtschaftsgüter (nachträgliche AK) und/oder – Aktivierung des Geschäftswerts (entgeltlicher Erwerb) – Betriebsausgabe
Abfindung < EK-Konto	– Überbewertung in der Steuerbilanz oder – Verzicht aus betrieblichem Grund oder – Verzicht aus privatem Grund	– Prozentuale Abstockung der Wirtschaftsgüter auf den Teilwert – Prozentuale Abstockung der Wirtschaftsgüter auf den Teilwert – Einfache Eigenkapitalumbuchung

Lektion 11: Umwandlungsrecht und Umwandlungssteuerrecht

Wenn in Lektion 1 gesagt wurde, dass das Steuerbilanzrecht eines der schwierigsten und zugleich interessantesten Gebiete des Steuerrechts darstellt, wird diese Aussage durch das Umwandlungs(steuer)recht noch getoppt. Sowohl mittelständische Unternehmen (z.B. im Rahmen der Nachfolgediskussion) als auch große Kapitalgesellschaften sind häufig damit konfrontiert. Gründe können z.B. die Erweiterung der Eigenkapital- bzw. Kreditbasis, die Sicherung von Beschaffungsressourcen und Absatzmärkten oder die Intergration nach Erwerb bzw. die Separation vor Veräußerung sein. Ein erstes mentales und systematisches Problem besteht darin, dass sich gesellschaftsrechtlich das Umwandlungsgesetz (UmwG) und steuerlich das Umwandlungssteuergesetz (UmwStG) mit der Materie befassen. Beide sind aber systematisch nicht identisch aufgebaut. Darüber hinaus gibt es eine Vielzahl von Möglichkeiten, ein Unternehmen umzuwandeln. Die vom UmwG behandelten Fälle sollen zunächst skizziert werden.

Detailliertere Ausführungen in der Länge eines Buches können Sie Mutscher/Benecke „Die Besteuerung von Umwandlungen – *leicht gemacht*®" entnehmen.

1 Umwandlungsrecht

> Das UmwG benennt in den Teilen zwei bis fünf die **Verschmelzung**, die **Spaltung**, die **Vermögensübertragung** und den **Formwechsel** als Umwandlungsfälle.

Gehen wir zunächst von folgendem Fall 77 aus:

Fall 77

X betreibt die Fit & Fun GmbH, die Dienstleistungen im Bereich Freizeitsport anbietet (Muckibude) und zudem mit Nahrungsergänzungsmitteln handelt. Wie könnte eine Verschmelzung aussehen?

Lektion 11: Umwandlungsrecht und Umwandlungssteuerrecht

Wie die Bezeichnung erahnen lässt, spricht man von einer Verschmelzung, wenn (mindestens) zwei Unternehmen zu einem fusioniert werden. Wenn X sich z.B. mit seinem Konkurrenten Y, dem die SportFun AG gehört, zusammenschließt und sie aus ihren beiden Unternehmen eine gemeinsame Fit durch Fun GmbH kreieren, läge eine Verschmelzung vor.

Leitsatz 27

Verschmelzung versus Einbringung

Bei der **Verschmelzung** hört der übertragende Rechtsträger auf zu existieren. Daher werden steuerlich nur Gesellschaften auf andere Unternehmen verschmolzen, nicht jedoch Einzelunternehmen. Diese werden ggf. in andere Unternehmen eingebracht (**Einbringung**); es liegt quasi eine Einlage vor. Der übertragende Rechtsträger (das ist dann nämlich der alte Gesellschafter) bleibt bestehen.

Bitte konstruieren Sie jetzt nicht besserwisserisch irgendwelche Suizidsachverhalte!

Weiterhin Fall 77: Wie könnte eine Spaltung aussehen?

Das UmwG unterscheidet drei Arten der Spaltung; dies sind die Aufspaltung, die Abspaltung und die Ausgliederung. Bei der Aufspaltung bleibt X Eigentümer; er spaltet aber das Unternehmen nunmehr in (mindestens) zwei neue Unternehmen auf. Aus der Muckibude wird die Fun GmbH, aus dem Handel wird die Fit GmbH. Bei der Abspaltung würde die alte GmbH bestehen bleiben, lediglich ein Teil des Unternehmens wird abgespalten. So bleibt die Fit & Fun GmbH bestehen, sie betreibt aber künftig nur noch die Muckibude und zudem entsteht die Muscle GmbH, die künftig die Nahrungsergänzungsmittel vertreibt. Während X bei der Auf- und Abspaltung also Gesellschafter von nunmehr (mindestens) zwei Unternehmen wird, sieht die Ausgliederung vor, dass die alte Gesellschaft selbst Eigentümer eines neuen Unternehmens wird. Die Fit & Fun GmbH würde hier also selbst eine Tochter (die Muscle GmbH) gründen, die dann z.B. den Vertrieb der Nahrungsergänzungsmittel übernimmt.

Immer noch Fall 77: Wie könnte eine Vermögensübertragung aussehen?

Von einer Vermögensübertragung spricht das UmwG, wenn die Fit & Fun GmbH aufgelöst und ihr gesamtes Vermögen auf eine andere Person übertragen wird, hierfür jedoch keine Gesellschaftsrechte gewährt werden (können). Dies ist z.B. der Fall, wenn die Fit & Fun GmbH ihr Vermögen ganz oder teilweise auf die öffentliche Hand, z.B. die Stadt Frankfurt (Oder), übertragen würde und X hierfür eine Gegenleistung erhält, die nicht in Gesellschaftsrechten besteht (z.B. Geld). Die Vermögensübertragung ist praktisch kaum relevant.

Und zum Abschluss von Fall 77: Was wäre ein Formwechsel?

Von einem Formwechsel spricht das UmwG wenn X schlicht die Fit & Fun GmbH in eine andere Rechtsform einkleiden würde. Er bleibt Gesellschafter, betreibt sein Unternehmen aber in Zukunft z.B. als Fit & Fun AG.

2 Umwandlungssteuerrecht

Das UmwStG folgt leider nur partiell der Systematik des UmwG. Dafür unterscheidet es vier Grundfälle von Umwandlungen, die im Einzelfall auch miteinander kombiniert werden können. Um diese zu verstehen, muss (wieder einmal) darauf hingewiesen werden, dass Kapitalgesellschaften eigenständige Rechtspersonen sind, Einzelunternehmen und Personengesellschaften hingegen nicht. Diese leben vielmehr durch ihre Gesellschafter. Wird nun eine Kapitalgesellschaft in ein anderes Unternehmen integriert, hört sie auf zu existieren. Sie wird auf die andere Gesellschaft verschmolzen. Daher spricht das UmwStG (ebenso wie das UmwG) von einer Verschmelzung. Wird jedoch ein Einzelunternehmen bzw. eine Personengesellschaft in ein neues Unternehmen integriert, existiert der Einzel- oder Mitunternehmer weiter. Sie können sich das verdeutlichen, indem Sie eine Personengesellschaft als (positive und negative) Wirtschaftsgüter der Rechtsträger interpretieren. Bei der Integration einer Personengesellschaft in eine andere Gesellschaft werden also Wirtschaftsgüter in die übernehmende Gesellschaft eingebracht. Daher spricht das UmwStG von einer Einbringung. Da eine Kapitalgesellschaft auf eine Kapital- oder Personengesellschaft verschmolzen werden kann und eine Personengesellschaft in eine Personen- oder Kapitalgesellschaft eingebracht werden kann, ergeben sich vier Grundfälle des UmwStG.

Dies sind:

> **Die vier Grundfälle des UmwStG:**
>
> 1. Die Verschmelzung zweier Kapitalgesellschaften (§§ 11 bis 13 UmwStG).
>
> 2. Die Verschmelzung einer Kapitalgesellschaft auf eine Personengesellschaft (§§ 3 bis 8 UmwStG) sowie der Formwechsel in eine Personengesellschaft (§ 9 UmwStG).
>
> 3. Die Einbringung eines Betriebs, Teilbetriebs, Mitunternehmeranteils oder Anteils an einer Kapitalgesellschaft in eine Kapitalgesellschaft (§§ 20 bis 23 UmwStG).
>
> 4. Die Einbringung eines Einzelunternehmens, Teilbetriebs, Mitunternehmeranteils oder 100%-igen Anteils an einer Kapitalgesellschaft (gilt nach UmwStE, Rz. 24.02 als Teilbetrieb) in eine Personengesellschaft (§ 24 UmwStG).

Fall 78

„Und was hat das mit dem Thema Steuerbilanzen zu tun?", fragt sich unser X, sichtlich genervt, der sich schon wieder irgendwelche Bilanzen pinseln sieht.

Wenn Sie die Lektion 10 aufmerksam gelesen haben, sollte Ihnen das Problem bekannt sein. Immer wenn sich die gesellschaftsrechtlichen Strukturen ändern und im „alten" Unternehmen stille Reserven enthalten waren, taucht für den übertragenden Rechtsträger die Frage auf, ob diese stillen Reserven aufzulösen und zu versteuern sind. Entsteht für ihn ein Gewinn, so wird dieser **Übertragungsgewinn** (bei Verschmelzung) bzw. **Einbringungsgewinn** (bei Einbringung) genannt.

Ein Übertragungs- oder Einbringungsgewinn entsteht also immer dann, wenn in der Schlussbilanz des übertragenden Rechtsträgers die stillen Reserven ganz (Bewertung zum gemeinen Wert) oder teilweise (Bewertung zu einem Zwischenwert zwischen Buchwert und gemeinem Wert) aufgelöst werden. Die Auflösung und Versteuerung der stillen Reserven könnte Unternehmen hindern, ökonomisch sinnvolle Umwandlungen durchzuführen. Daher gilt im UmwStG ein zweistufiges Grundprinzip:

Leitsatz 28

Besteuerung der stillen Reserven bei Umwandlungen

1. **Grundsätzlich** sind bei Umwandlungen die stillen Reserven **aufzulösen** und zu **versteuern**. Die Bewertung der Wirtschaftsgüter in der Schlussbilanz erfolgt bei einer Verschmelzung mit den gemeinen Werten; bei einer Einbringung erfolgt die Besteuerung nach § 16 Abs. 2 EStG.

2. Wenn eine **spätere Besteuerung** sichergestellt ist, kann der übertragende Rechtsträger in der Regel bei der Umwandlung auf die **vollständige** (Bewertung zu den alten Buchwerten) oder **teilweise** (Bewertung zu Zwischenwerten) **Auflösung** der stillen Reserven **im Umwandlungszeitpunkt verzichten**.

Noch immer Fall 78: „Das betrifft aber nicht den neuen Gesellschafter!", kommentiert Y süffisant. „Daher muss ich auch nichts versteuern." Liegt er damit richtig?

Grundsätzlich schon. Dennoch sind für den Gesetzgeber neben dem Übertragungs- bzw. Einbringungsgewinn weitere Gewinne denkbar, die bei Umwandlungen anfallen können.

Leitsatz 29

Mögliche steuerrelevante Gewinne bei Umwandlungen

1. Bei der übertragenden Rechtsperson
   Liegt eine Verschmelzung vor, kann durch die Auflösung stiller Reserven ein **Übertragungsgewinn** entstehen.

   Liegt eine Einbringung vor, kann durch die Auflösung stiller Reserven ein **Einbringungsgewinn** entstehen.

2. Bei der übernehmenden Rechtsperson
   Bei einer Verschmelzung kann ein **Beteiligungskorrektur- oder Übernahmegewinn** entstehen.

   Beide sind grundsätzlich nur möglich, wenn der übernehmende Rechtsträger bereits vor (!) der Umwandlung am zu übertragenden Unternehmen beteiligt war. Hier wird die Differenz aus dem Wert der wegfallenden Beteiligung und der übernommenen Wirtschaftsgüter besteuert (Ausnahme: Fiktion des § § 5 Abs. 2 bzw. 3 UmwStG bei Verschmelzung KapGes auf PersGes).

3. Sonderfall Übernahmefolgegewinn bei Konfusion
   Ein **Übernahmefolgegewinn** entsteht, wenn zwischen beiden Unternehmen vorher ein schuldrechtliches Verhältnis, z.B. ein Darlehen, bestand. Falls der Buchwert der Forderung (z.B. wegen einer Teilwertabschreibung) geringer ist als der Buchwert der korrespondierenden Verbindlichkeit, ist die Differenz als Übernahmefolgegewinn zu versteuern. Systematisch ist das konsequent, weil die Forderungsabschreibung in der Regel zu Betriebsausgaben und damit zu einer Gewinnminderung geführt hat, die praktisch durch den Übernahmefolgegewinn korrigiert wird. Die Teilwertabschreibung war offensichtlich unbegründet. Durch die Verschmelzung bzw. Einbringung fallen Gläubiger und Schuldner zusammen (Konfusion) und die Forderung und Verbindlichkeit werden aus der neuen Bilanz eliminiert.

Nun aber zu den vier Grundfällen des UmwStG.

2.1 Grundfall 1: Verschmelzung zweier Kapitalgesellschaften

Fall 79

X betreibt die Fit & Fun GmbH, die Dienstleistungen im Bereich Freizeitsport anbietet (Muckibude) und zudem mit Nahrungsergänzungsmitteln handelt. Im Betriebsvermögen befindet sich ein Grundstück, dessen gemeiner Wert 450.000 € beträgt. X will sich mit seinem Konkurrenten Y, dem die SportFun AG gehört, zusammenschließen. In den Wirtschaftsgütern der SportFun AG sind keine stillen Reserven enthalten. Sie wollen aus ihren beiden Unternehmen eine gemeinsame Fit durch Fun GmbH kreieren. Die Schlussbilanzen (zu Buchwerten) der GmbH und der AG haben folgendes Aussehen:

Aktivseite	Schlussbilanz der Fit & Fun GmbH (in Euro)		Passivseite
Grundstücke	200.000	Stammkapital	150.000
Gebäude	300.000	Gewinnrücklagen	100.000
sonstiges Anlagevermögen	80.000	Verbindlichkeiten	750.000
sonstiges Umlaufvermögen	400.000		
Bankguthaben	20.000		
	1.000.000		1.000.000

Aktivseite	Schlussbilanz der SportFun AG (in Euro)		Passivseite
Grundstücke	250.000	Grundkapital	300.000
Gebäude	250.000	Gewinnrücklagen	200.000
Forderungen	120.000	Verbindlichkeiten	500.000
sonstiges Umlaufvermögen	300.000		
Bankguthaben	80.000		
	1.000.000		1.000.000

Wie wäre dieser Fall steuerlich günstig zu behandeln?

Wie Sie bereits wissen, läge gesellschaftsrechtlich eine Verschmelzung zweier Kapitalgesellschaften zu einer Kapitalgesellschaft vor. Die Verschmelzung einer Kapitalgesellschaft mit einer anderen Kapitalgesellschaft bedeutet, dass die übertragende Kapitalgesellschaft untergeht. Eine bereits bestehende oder neue Kapitalgesellschaft übernimmt das gesamte Vermögen und die Schulden der übertragenden Kapitalgesellschaft im Wege der Gesamtrechtsnachfolge; UmwStE, Rz. 01.08. §§ 11 bis 13 UmwStG sind für diesen **ersten Grundfall** einschlägig. § 11 UmwStG gewährt unter den dort genannten Bedingungen ein **Wahlrecht**, ob die stillen Reserven der übergehenden Wirtschaftsgüter (ganz oder teilweise) aufgelöst oder fortgeführt werden. Um eine Besteuerung, soweit möglich, zu vermeiden, soll in **Fall 79** gemäß § 11 Abs. 2 UmwStG eine Buchwertfortführung gewählt werden. Damit fällt für die Fit durch Fun GmbH als übernehmende Rechtsträgerin nach § 12 Abs. 2 Satz 1 UmwStG kein Übertragungsgewinn an. Ein Übernahme- oder Beteiligungskorrekturgewinn kann auch nicht anfallen, da weder die SportFun AG vor der Umwandlung an der Fit & Fun GmbH beteiligt war noch umgekehrt.

In der Eröffnungsbilanz der Fit durch Fun GmbH werden nach § 12 Abs. 1 Satz 1 UmwStG die Wirtschaftsgüter der beiden alten Kapitalgesellschaften mit den Schlussbilanzwerten ausgewiesen. In diesem einfachen Fall können auch die Eigenkapitalpositionen zusammengefasst werden. Dies dürfte in der Regel aber nicht möglich sein. Dann würde man das Stammkapital beim übernehmenden Rechtsträger nur soweit erhöhen, wie es für die Abbildung der richtigen Beteiligungsverhältnisse nach der Umwandlung notwendig ist. Die Differenz zwischen dem Eigenkapital des übertragenden Rechtsträgers und der Erhöhung des Stammkapitals wäre dann in die Kapitalrücklage einzustellen.

Damit ergibt sich die Eröffnungsbilanz der Fit durch Fun GmbH:

Aktivseite	Eröffnungsbilanz der Fit durch Fun GmbH (in Euro)		Passivseite
Grundstücke	450.000	Stammkapital	450.000
Gebäude	550.000	Gewinnrücklagen	300.000
sonstiges Anlagevermögen	80.000	Verbindlichkeiten	1.250.000
Forderungen	120.000		
sonstiges Umlaufvermögen	700.000		
Bankguthaben	100.000		
	2.000.000		2.000.000

Ein (kleines) gesellschaftsrechtliches Problem besteht darin, die Anteile des X und des Y an der neuen GmbH im richtigen Verhältnis festzulegen. Würden einfach die Buchwerte zusammengefasst, ergäbe sich aus dem Eigenkapital ein Beteiligungsverhältnis von 1:2. Davon würde X sicher nicht begeistert sein, weil mit seiner GmbH auch 250.000 €

stille Reserven in die Umwandlung eingegangen sind, während die AG keine stillen Reserven enthielt. Man könnte natürlich die stillen Reserven im Rahmen der Umwandlung auflösen. Allerdings würde sich dadurch ein Übertragungsgewinn für die Fit & Fun GmbH ergeben, der gerade durch die Buchwertfortführung vermieden werden soll. Eine theoretische Lösung könnte auch eine Ergänzungsbilanz (wie Sie sie in Lektion 10 kennen gelernt haben) sein. Allerdings gibt es Ergänzungsbilanzen nur bei Personen-, nicht aber bei Kapitalgesellschaften. Praktisch ist dieser Weg also nicht gangbar. X und Y müssen sich also einigen. Dabei ist zu berücksichtigen, dass zwar beide Unternehmen jeweils ein Eigenkapital i.H.v. 500.000 € in die neue GmbH eingebracht haben; von den 500.000 € der Fit & Fun GmbH sind aber 250.000 € stille Reserven. Sie müssen (später) noch versteuert werden. Y wird sich also nicht auf ein Beteiligungsverhältnis von 1:1 einlassen. Das Verhandlungsergebnis wird irgendwo zwischen 1:2 und 1:1 liegen ...

Ergänzung zu Fall 79: Als X und Y die Schlussbilanzen für die Verschmelzung pinseln, fällt Ihnen auf, dass sie etwas vergessen haben. Die SportFun AG hat eine Forderung i.H.v. 120.000 € ausgewiesen. Diese ist durch eine große Lieferung an die Fit & Fun GmbH entstanden. Eigentlich betrug die Forderung aus Lieferungen und Leistungen 200.000 € und wurde korrespondierend bei der Fit & Fun GmbH unter den Verbindlichkeiten ausgewiesen. Da die GmbH in letzter Zeit aber in Branchenkreisen als unzuverlässiger Schuldner bekannt war, hatte die AG die Forderung um 80.000 € wertberichtigt. Wie wirkt sich dieser Sachverhalt auf die Eroffnungsbilanz der Fit durch Fun GmbH und Besteuerung aus?

Durch die Verschmelzung werden Forderung und Verbindlichkeit vereinigt (Konfusion). Ähnlich wie bei der Konsolidierung für Konzernabschlüsse, erfolgt eine Saldierung. Das wäre völlig unproblematisch, wenn die Forderung und die Verbindlichkeit in ihrer Höhe korrespondieren würden. Hier wurde aber die Forderung außerplanmäßig abgeschrieben. Wie sich durch die Verschmelzung zeigt, ist der Grund für diese Abschreibung nunmehr entfallen. Die neue GmbH muss einen Übernahmefolgegewinn versteuern, der dadurch entsteht, dass die Abschreibung der Forderung praktisch korrigiert wird. Aus reiner Menschenfreundlichkeit gewährt der Gesetzgeber in §§ 6 Abs. 1 i.V.m. 12 Abs. 4 UmwStG die Möglichkeit, die Versteuerung des Übernahmefolgegewinns über maximal drei Jahre zu strecken. Hierfür wäre in der Bilanz eine steuerfreie Rücklage zu bilden.

2.2 Grundfall 2: Verschmelzung einer Kapitalgesellschaft auf eine Personengesellschaft

Fall 80

X betreibt die Fit & Fun GmbH, die Dienstleistungen im Bereich Freizeitsport anbietet (Muckibude) und zudem mit Nahrungsergänzungsmitteln handelt. Im Betriebsvermögen befindet sich ein Grundstück, dessen gemeiner Wert 450.000 € beträgt. X will sich mit seinem Konkurrenten Y und dessen Ehefrau Z, denen die SportFun OHG gehört, zusammenschließen. In den Wirtschaftsgütern der SportFun OHG sind keine stillen Reserven enthalten. Sie wollen aus ihren beiden Unternehmen eine gemeinsame Fit durch Fun OHG kreieren. Die Schlussbilanzen (zu Buchwerten) der GmbH und der OHG haben folgendes Aussehen:

Aktivseite	Schlussbilanz der Fit & Fun GmbH (in Euro)	Passivseite	
Grundstücke	200.000	Stammkapital	150.000
Gebäude	300.000	Gewinnrücklagen	100.000
sonstiges Anlagevermögen	80.000	Verbindlichkeiten	750.000
sonstiges Umlaufvermögen	400.000		
Bankguthaben	20.000		
	1.000.000		1.000.000

Aktivseite	Schlussbilanz der SportFun OHG (in Euro)	Passivseite	
Grundstücke	250.000	Eigenkapital Y	250.000
Gebäude	250.000	Eigenkapital Z	250.000
Forderungen	120.000	Verbindlichkeiten	500.000
sonstiges Umlaufvermögen	300.000		
Bankguthaben	80.000		
	1.000.000		1.000.000

Die Fit & Fun GmbH hat noch alte Verlustvorträge i.H.v. 200.000 €. Wie wäre dieser Fall steuerlich günstig zu behandeln?

Wie Sie bereits vermuten, liegt eine Verschmelzung einer Kapitalgesellschaft auf eine Personengesellschaft vor, die in §§ 3 bis 8 UmwStG geregelt ist. Die OHG ist unspektakulär. Sie ändert lediglich ihre Firma (Hinweis: Firma ist der Name eines Unternehmens; § 17 Abs. 1 HGB). Auch für diesen Umwandlungsfall gestattet der Gesetzgeber dem übertragenden Rechtsträger, unter den in § 3 UmwStG genannten Voraussetzungen, zu entscheiden, ob die Verschmelzung zu Buchwerten, mit dem gemeinen Wert oder zu einem Zwischenwert erfolgen soll. Da die Fit & Fun GmbH ihre Verlustvorträge nur mit eigenen Gewinnen verrechnen kann, gehen verbleibende Verlustvorträge mit dem Untergang der GmbH auch unter (vgl. auch § 4 Abs. 2 Satz 2 UmwStG,, der den Verlustuntergang regelt). Daher wird sich X entscheiden, in der Schlussbilanz der Fit & Fun GmbH stille Reserven i.H.v. 200.000 € aufzulösen. Das bilanziell ausgewiesene Eigenkapital, das X mit in die Familie bringt, setzt sich also aus dem Stammkapital, den Gewinnrücklagen und den aufgelösten stillen Reserven zusammen.

Noch immer Fall 80: „Stopp!", ruft X, „Was ist mit meinen stillen Reserven, die noch im Grundstück stecken? Bekomme ich dafür nichts?"

Die Antwort sollte Ihnen nun leicht von den Lippen kommen. Im Grundstück sind (nach Ansatz des oben erwähnten Zwischenwerts) noch 50.000 € stille Reserven verborgen, die dem X zuzurechnen sind. Daher erstellt die neue OHG eine Gesamthandsbilanz, in der die stillen Reserven aufgelöst werden, und X erstellt eine negative Ergänzungsbilanz, in der diese sowie das Minderkapital ausgewiesen sind:

Aktivseite	Eröffnungsbilanz der Fit durch Fun OHG (in Euro)		Passivseite
Grundstücke	700.000	Eigenkapital X	500.000
Gebäude	550.000	Eigenkapital Y	250.000
sonstiges Anlagevermögen	80.000	Eigenkapital Z	250.000
Forderungen	120.000	Verbindlichkeiten	1.250.000
sonstiges Umlaufvermögen	700.000		
Bankguthaben	100.000		
	2.250.000		2.250.000

Aktivseite	Ergänzungsbilanz des X (in Euro)		Passivseite
Minderkapital	50.000	Grundstück	50.000
	50.000		50.000

Und zum Abschluss von Fall 80: X ist begeistert. Wenn er sein Eigenkapital in der Gesamthandsbilanz betrachtet, hat er genau soviel Eigenkapital wie Y und Z zusammen. Durch das Minderkapital in der Ergänzungsbilanz braucht er die stillen Reserven aber (noch) nicht zu versteuern.

So ein Zufall aber auch. Und weil es seine stillen Reserven sind, darf er sie bei Veräußerung des Grundstücks auch schön alleine versteuern und damit auch die Ergänzungsbilanz auflösen.

Ein kleiner Wermutstropfen existiert noch für die OHG. § 5 Abs. 2 und 3 UmwStG fingiert eine Einlage der Anteile der GmbH in das Betriebsvermögen der Personengesellschaft, wodurch sich unter Umständen ein Übernahmegewinn gemäß § 4 Abs. 4 UmwStG ergeben kann (vgl. dazu die Ausschüttungsfiktion i.S.d. § 7 UmwStG sowie die Kürzung in § 4 Abs. 5 Satz 2 UmwStG).

2.3 Grundfall 3: Die Einbringung eines Einzelunternehmens, Teilbetriebs, Mitunternehmeranteils oder Anteils an einer Kapitalgesellschaft in eine Kapitalgesellschaft

Fall 81

Y und Z betreiben die SportFun OHG. Sie wollen diese in eine neue Fit durch Fun GmbH einbringen, weil ihnen der Handel mit Nahrungsergänzungsmitteln „langsam zu heiß" wird und die Haftung auf das Betriebsvermögen begrenzt werden soll. Die Schlussbilanz der OHG (zu Buchwerten) hat folgerndes Aussehen:

Aktivseite	Schlussbilanz der SportFun OHG (in Euro)		Passivseite
Grundstücke	250.000	Eigenkapital Y	250.000
Gebäude	250.000	Eigenkapital Z	250.000
Forderungen	120.000	Verbindlichkeiten	500.000
sonstiges Umlaufvermögen	300.000		
Bankguthaben	80.000		
	1.000.000		1.000.000

Dabei sind im Grundstück 300.000 € stille Reserven enthalten. Welche bilanziellen und steuerlichen Folgen ergeben sich?

Mit der Einbringung der OHG in die GmbH erlischt das Eigentum von Y und Z an den Wirtschaftsgütern. Dafür erhalten sie (im Tausch) Anteile an der GmbH. Eigentlich müsste § 16 Abs. 1 Satz 1 Nr. 2 EStG greifen. Allerdings werden dessen Rechtsfolgen durch § 20 UmwStG modifiziert. Er gestattet wieder einmal den Ansatz der Wirtschaftsgüter in der neuen GmbH zu Buchwerten, Zwischenwerten oder zum gemeinen Wert. Um eine Besteuerung bei Einbringung zu vermeiden, könnte die GmbH also eine Buchwertfortführung vornehmen. Die GmbH-Bilanz hätte folgendes unspektakuläres Aussehen:

Aktivseite	Bilanz der Fit durch Fun GmbH (in Euro)		Passivseite
Grundstücke	250.000	Stammkapital	500.000
Gebäude	250.000	Verbindlichkeiten	500.000
Forderungen	120.000		
sonstiges Umlaufvermögen	300.000		
Bankguthaben	80.000		
	1.000.000		1.000.000

2.4 Grundfall 4: Die Einbringung eines Einzelunternehmens, Teilbetriebs, Mitunternehmeranteils oder Anteils an einer Kapitalgesellschaft in eine Personengesellschaft

Hier müssten Sie eigentlich protestieren, weil sich Lektion 10 bereits dem Thema gewidmet hat. Dort wurde die Einbringung von Mitunternehmeranteilen (bzw. Einzelunternehmen oder Teilbetrieben) in eine Personengesellschaft dargestellt.

Fehlt also nur noch die Einbringung eines 100%-igen Anteils an einer Kapitalgesellschaft in eine Personengesellschaft. Und dieser Fall ist einfach. Bilanziell ist dieser Fall nur interessant, wenn die Beteiligung an einer Kapitalgesellschaft sich vor der Einbringung bereits in einem Betriebsvermögen befunden hat. Auch hier ist gemäß § 24 UmwStG unter den dort genannten Voraussetzungen eine Einbringung zum Buchwert, Zwischenwert oder gemeinen Wert möglich.

Damit haben wir auch ein ganz spezielles Kapitel der Steuerbilanzen abgeschlossen. Ein Thema, das angeblich schon eine Reihe Studierende, Examenskandidaten und Praktiker in schiere Verzweiflung getrieben hat.

* * *

> Uns bleiben nur noch **drei Wünsche** übrig:
>
> 1. Wir wünschen uns, dass Sie sich mit unserem Einführungsbuch die Grundlagen der Steuerbilanzen leicht und mit viel Spaß **erarbeitet** haben.
>
> 2. Wir wünschen uns, dass Sie das Buch mit etwas **Zeitabstand** wieder zur Hand nehmen und darüber staunen, welche Informationen darin enthalten sind, die Ihnen beim ersten Lesen gar nicht aufgefallen sind.
>
> 3. Wir wünschen Ihnen, dass Sie Ihre Bilanzsteuerrechtsklausur **souverän** und gut **bestehen**.

Abkürzungen

Abs.	Absatz
AfA	Absetzung für Abnutzung
AfaA	Absetzung für außergewöhnliche technische oder wirtschaftliche Abnutzung
AfS	Absetzung für Substanzverringerung
AG	Aktiengesellschaft
AktG	Aktiengesetz
AK	Anschaffungskosten
AO	Abgabenordnung
aRAP	Aktiver Rechnungsabgrenzungsposten
BewG	Bewertungsgesetz
BFH	Bundesfinanzhof
BGA	Betriebs- und Geschäftsausstattung
BGB	Bürgerliches Gesetzbuch
BierSt	Biersteuer
BilMoG	Bilanzrechtsmodernisierungsgesetz
BMF	Bundesministerium der Finanzen
BStBl.	Bundessteuerblatt
BT-Drs	Bundestags-Drucksache
bzw.	beziehungsweise
d.h.	das heißt
€	Euro
e.G.	Eingetragene Genossenschaft
EK	Eigenkapital
ESt	Einkommensteuer
EStÄR	Einkommensteuer-Änderungsrichtlinien
EStDV	Einkommensteuerdurchführungsverordnung
EStG	Einkommensteuergesetz
EStH	Einkommensteuer-Hinweise
EStR	Einkommensteuer-Richtlinien
EÜR	Amtlicher Vordruck zur Einnahmenüberschussrechnung
EU	Europäische Union
f.	folgende
ff.	folgende Seiten
gem.	gemäß
GewSt	Gewerbesteuer
GewStG	Gewerbesteuergesetz
ggf.	gegebenenfalls
GmbH & Co. KG	Gesellschaft mit beschränkter Haftung und Co. Kommanditgesellschaft
GmbH	Gesellschaft mit beschränkter Haftung
GrS	Großer Senat
GuV	Gewinn- und Verlustrechnung

Abkürzungen

GWG	Geringwertige Wirtschaftsgüter	OHG	Offene Handelsgesellschaft
H	Hinweis	PersGes	Personengesellschaft
HB	Handelsbilanz	pRAP	Passiver Rechnungsabgrenzungsposten
HGB	Handelsgesetzbuch	R	Richtlinie
i.d.R.	in der Regel	RAP	Rechnungsabrechnungsposten
i.H.v.	in Höhe von	RL	Rücklage
i.S.d.	im Sinne des	Rz.	Randziffer
i.V.m.	in Verbindung mit	S.	Seite
IAS	International Accounting Standards	Soli	Solidaritätszuschlag
IDW	Institut der Wirtschaftsprüfer in Deutschland e.V.	sonst.	sonstige(r, s)
		StB	Steuerbilanz
IFRS	International Financial Reporting Standards	steuerfr.	steuerfrei
		Tz.	Textziffer
KapGes	Kapitalgesellschaft	UmwG	Umwandlungsgesetz
KESt	Kapitalertragsteuer	UmwStE	Umwandlungssteuererlass
KG	Kommanditgesellschaft	UmwStG	Umwandlungssteuergesetz
KGaA	Kommanditgesellschaft auf Aktien	USt	Umsatzsteuer
KSt	Körperschaftsteuer	UStG	Umsatzsteuergesetz
KStG	Körperschaftsteuergesetz	vgl.	vergleiche
KStH	Körperschaftsteuer-Hinweise	VorSt	Vorsteuer
		vs.	versus
lt.	laut	z.B.	zum Beispiel
ND	Nutzungsdauer	ZPO	Zivilprozessordnung
Nr.	Nummer	zzgl.	zuzüglich
Nrn.	Nummern		

Sachregister

A

Abbruchabsicht	39 ff.
Abbruchkosten	39 ff.
Abfindung	154
Abgangswert	72
abgeleitete steuerliche Buchführungspflicht	12 f.
Abgeltungsteuer	88
Abkopplung des Steuerrechts	14
abnutzbares Anlagevermögen	20, 26
Abschluss der Buchführung	14, 17
Abschreibung	33
Abspaltung	157
abstrakte Bilanzierungsfähigkeit	29
Abzinsung	108
additive Gewinnermittlung	136
Adressat der Steuerbilanz	14
AfA	28 f., 37, 59, 62, 70, 76, 99, 107 f.
AfaA	39, 70, 76, 98
AfA-Bemessungsgrundlage	57
AfS	70, 76
aktiver Rechnungsabgrenzungsposten	118
Aktivierungsentscheidung	29
Aktivierungsgebot	28, 58
aktivierungspflichtige Eigenleistungen	58
Aktivierungswahlrecht	58
Aktivierungsverbot	27 f.
Aktivseite	15, 17
Andere Anlagen	60, 62
Anhaltewert	74
Anlagen	26
Anlagen im Bau	66
Anlagevermögen	20, 26 ff., 52, 54, 101 f.
Ansatzvorschriften	20
Anschaffungsausgaben	56
Anschaffungskosten	31 f., 37 f., 40 ff., 56, 67, 75 f., 78, 80
anschaffungsnahe Herstellungskosten	42
Anschaffungsnaher Aufwand	42 ff.
Anschaffungsnebenkosten	56 f., 67
Anscheinsbeweis	40
Anwachsung	148
Anzahlungen	66, 121 ff.
Apothekerurteil	116
aRAP	118
Asset Deal	29
Aufgabenidentität	97
aufgedeckte stille Reserven	89, 101, 108
Aufspaltung	157
Aufwand	42 ff.
Aufwandsrealisationsprinzip	110 f.
Aufwandsrückstellungen	112 ff.
Aufwendungen	19, 32, 42 ff., 48
Ausfall-Prozentsatz	80
Ausgaben	56
Ausgliederung	156
Außenanlagen	30
Außenverpflichtung	133 ff.
Austritt aus einer Personengesellschaft	154

B

Bagatellgrenze	68
Bareinlage	84, 139
Barentnahmen	84
Bauaufwendungen	32
Baunebenkosten	32
behördlicher Eingriff	95 ff.
Bemessungsgrundlage	57, 86, 99, 107 f.
Bereitstellungsausgaben	32

Sachregister

Beteiligungen 26, 69
Beteiligungen an
 Kapitalgesellschaften 69
Beteiligungskorrektur
Betrieb 20, 22 f., 52
Betriebs- und
 Geschäftsausstattung 26, 60, 62
Betriebsausgaben 18, 39, 44 f.,
 54, 62, 126, 153, 161
Betriebsbereitschaft 43
Betriebseinnahmen
 18, 89, 126, 130
Betriebsreinvermögen 17
Betriebsvermögen 17, 20 ff., 38,
 67 ff., 82, 96, 124 ff.
Betriebsvermögens-
 vergleich 17 ff., 96
Betriebsvorrichtung
 33 f., 36, 46 ff., 53, 55
bewegliche Wirtschaftsgüter 26
Bewertungsvereinfachungs-
 verfahren 75
Bewertungsvorschriften 20
Bilanzierung 11
Bilanzierungsfähigkeit 29
Bilanzierungsverbot 29
Bilanzierungswahlrecht 29
Bilanzstichtag 62, 70, 75
Buchführung 11, 14, 17, 102
Buchführungspflichten 11 ff.
Buchwert 40 f., 62, 90
Buchwerteinbringung 142 f.
Buchwertabstockung 154
Buchwertaufstockung 154
Buchwertfortführung 136, 141
Bundessteuerberaterkammer 15

D

Darlehenszinsen 120

dauerhafte Wertminderung
 61 f., 68, 70, 76, 78
Delkredere 79
derivativer Geschäfts- oder
 Firmenwert 29
derivativer Firmenwert 28 f.
differenzierende
 Zuschlagskalkulation 58
Distanzrechnung 17, 19
Dividendenpapiere 67, 81
Drohverlustrückstellung
 112, 115 ff.
Dubiose 79
Durchschnittsbewertung 70 f.

E

Echter Zuschuss 89
Eigenaufwand 45, 54 f.
Eigenkapital
 15, 17, 82 ff., 126, 131, 154
Eigenleistungen 58
Eigenständige Steuerbilanz 14
Eigentümer 21, 36, 46, 48
Einbringung
 139, 142, 157 ff., 167 ff.
Einbringungsgewinn 142 f., 159 ff.
Eingriffsrecht 11
Einheitsbilanz 14
Einkommensteuer 84, 135
Einlage 17, 39 f., 82 ff., 102,
 139 f.,157, 167
Einnahme 119
Einnahmenüberschuss-
 rechnung 96
Einzelbewertung 76, 79
Einzelunternehmen 82 ff., 124,
 139, 157 ff., 167 ff.
Einzelunternehmer 103, 124
Einzelwertberichtigung 79
Einzelwirtschaftsgüter 26, 28 f.

Entnahme	17, 63, 82, 86, 96
Entschädigung	95, 98, 101
Ergänzungsbilanz	86, 143 ff., 150, 154
Erhaltungsarbeiten	42
Erhaltungsaufwand	45, 48, 51 f.
Ersatzanspruch	95
Ersatzbeschaffung	89, 94 ff., 101
Ersatzwirtschaftsgut	95 ff., 101
Ertragskraft	89, 93
Ertragsteueranspruch	14
Ertragssteuerliche Gewinnermittlung	11
Ertragszuschüsse	89, 93

F

fertige Erzeugnisse	76
Festbewertung	74 f.
festes Kapitalkonto	86
Festwert	74 ff.
Festwertanpassung	75
Festwertverfahren	74, 76
Finanzanlagen	66 ff.
Finanzanlagen des Anlagevermögens	66 f.
Finanzierungsausgaben	57
Finanzierungskosten	31
Firmenwert	28 f., 142
Fiskus	14
Forderungen	77 ff.
Förderzusammenhang	22
Formwechsel	156, 158
Fristen der Ersatzbeschaffung	96 ff.

G

Gebäude	32
Gebäudeabbruch	39
Gebäudeabschreibungs- grundsätze	33
Gebäude-AfA	33, 41
Gebäudebuchwert	41
Gebäudenutzung	36, 47, 54
Gebäudeteile	26, 33 ff., 51
geborenes notwendiges Betriebsvermögen	22
gekorenes notwendiges Betriebsvermögen	22
Geleistete Anzahlungen	66
gemischt genutztes Gebäude	38
geometrisch-degressive AfA	64
Geringwertige Wirtschaftsgüter (GWG)	62 ff.
Gesamthandsbilanz	125 f., 136, 143 f., 154
GesamthandsGuV	127
Gesamthandsvermögen	137
Geschäfts- oder Firmenwert	28 f., 142
Geschäftsausstattung	60, 62
Gesellschafteraustritt	148, 154 f.
Gesellschaftereintritt	139
Gesellschafterwechsel	138 ff.
Gewerbe	34
Gewerbebetrieb	12, 34, 125, 130, 136
Gewerbetreibender	13
Gewerbesteuer	11, 113, 135
gewillkürtes Betriebsvermögen	22 ff., 38, 67
Gewinn	14, 17, 19, 78, 101 f., 130, 161
Gewinn- und Verlustrechnung	19
Gewinnausschüttung	83, 87
Gewinneinkunftsarten	21, 62, 64
Gewinnermittlung	11, 17, 127, 130, 136
Gewinnerzielungsabsicht	12
Gewinnrealisierung	78
Gewinnrücklage	87 f.

Sachregister

Gewinnverteilung 85 f., 143
Gewinnverwendung 87
gewogener Durchschnitt 70 f.
Gezeichnetes Kapital 87
Gleichgewichtszustand 74
Gleitende
 Durchschnittsbewertung 71
Großreparaturrückstellung 114
Grund und Boden
 26, 30 ff., 40 f., 55, 103
Grundkapital 87
Grundstücksbestandteile 30
GWG 62 ff., 65

H

Handelsbilanz 14, 109
handelsrechtliche
 Buchführungspflicht 12, 14
Herstellung 40, 90, 95, 98, 102
Herstellungskosten 32, 40, 42 ff.,
 48, 58, 70, 74, 76, 101, 141
Herstellungseinzelkosten 58
Herstellungsgemeinkosten 58
höhere Gewalt 95 ff.

I

Immaterielle Einzelwirtschafts-
 güter 26, 28
Inland 80, 102
Instandsetzungsmaßnahmen 42 ff.
Investitionszulage 80, 90, 94
Investitionszuschüsse 89

J

Jahresabschluss 15, 78
Jahresüberschuss 19

K

Kapitalanlage 67, 81
Kapitalerhöhung 83

Kapitalgeber 15
Kapitalgesellschaft 13, 69, 83, 86 f.,
 103, 124, 138, 159, 161, 177 ff.
Kapitalherabsetzung 83, 88
Kapitalkonto 86
Kapitalzuschüsse 89
Kaufmann 12 ff.
Kaufmannseigenschaft 12
Kaufpreis 31 f.
klassischer Rechnungs-
 abgrenzungsposten 118
Konfusion 161, 164
konkrete
 Bilanzierungsfähigkeit 29
Körperschaftsteuer 113, 135
Kulanzrückstellung 115
Kurzlebige Wirtschaftsgüter 66

L

Ladeneinbauten 33 f., 36
Lastenverteilungsrecht 11
Leistung 58, 70, 77 ff., 118 ff.
Lieferung 77 ff., 121
Lifo 72, 76
Liquidität 15
Liquiditätseffekt 101, 108
Liquiditätsvorteile 89

M

Marktwert 28
Maschinen 55, 59
Maßgeblichkeitsprinzip 111, 114
materielle Wirtschaftsgüter 26, 76
Mehrentschädigung 98
Mietdauer 48, 51 ff.
Miete 45, 55, 118, 130
Mietereinbauten 34, 45 ff., 55
Mieterumbauten 45 ff., 55
Mietzinsen 120
Modernisierungsmaßnahmen 42

N

nachträgliche Anschaffungskosten	56
Nebenkosten	31
negative Wirtschaftsgüter	20 ff., 126, 158
Nennbetrag	66
Nennwert	78, 80
Nettobetrag	66, 79
Nettobuchung	122
Nettoforderungsbeträge	80
nicht abnutzbares Anlagevermögen	30 f.
nicht abzugsfähige Betriebsausgaben	18
Niederstwertprinzip	78
notwendiges Betriebsvermögen	22, 24 f., 38
notwendiges Privatvermögen	22 f., 24 f., 39
Nutzungsdauer	28, 33, 36, 46, 51, 62 f., 65
Nutzungsvorteil	47

O

öffentliches Eingriffsrecht	11
originäre steuerliche Buchführungspflicht	12 f.
originärer Firmenwert	28, 141

P

Para-materielles Wirtschaftsgut	52
passiver Rechnungsabgrenzungsposten	118
Passivierungspflicht	112, 114 f.
Passivierungsverbote	112, 114 f.
Passivseite	15, 109
Pauschalbewertung	79
Pauschalwertberichtigung	79
Pensionsrückstellung	111 f.
Perioden-Lifo-Verfahren	72, 76
Permanentes-Lifo-Verfahren	72, 76
Personengesellschaften	82, 85 f., 124 ff.
Personensteuern	85
Poolabschreibung	63, 65
Poolbildung	63, 65
positive Wirtschaftsgüter	20, 126
pRAP	118 f.
Privatkonto	83 f.
Privatvermögen	21 ff., 39, 82, 102
pro rata temporis	28
Produktionsmaschinen	55

R

Realisationsprinzip	78, 112, 114, 141
Rechnung	45, 48, 55
Rechnungsabgrenzungsposten	45, 54 f., 118 ff.
Rechnungsstellung	78
Rechtspersonen	85, 124
Rechtspersönlichkeit	86
Rechtsstellung	15
Rechtssubjekt	138
Reinvermögensänderung	20
Reinvestitionsgüter	101, 108
Reinvestitionsrücklage	89, 101, 108
Restbuchwert	62
Restnutzungsdauer	62
Retrograde Methode	76
Roh-, Hilfs- und Betriebsstoffe	70, 76
Rücklage	89 ff.
Rücklage für Ersatzbeschaffung	89, 94 ff., 101
Rückrechnung	76

Rückstellung 21, 110 ff.
Rückstellungen für ungewisse
 Verbindlichkeiten 111 ff.
Rückzahlungsverpflichtung 89

S

Sachanlagevermögen 30, 66, 74
Sacheinlage 84, 139
Sammelposten (GWG) 63
Scheinbestandteile
 33 f., 36, 46, 48, 55
Schönheitsreparaturen 43
selbständige Gebäudeteile 33 f. 36
Sofortabschreibung 65
Sonderbetriebsausgaben 126 f.
Sonderbetriebseinnahmen
 126 f., 130 f.
Sonderbetriebserfolge 130
Sonderbetriebsergebnis
 127, 133, 136
Sonderbetriebsvermögen 126
Sonderbilanzen 86
SonderGuV 127, 130
Sonstige selbständige
 Gebäudeteile 34, 36
Staffelform 19
Stammkapital 87
Steuerbilanz 14 f., 17, 24,
 28 f., 33, 70, 126, 130, 155
Steuerbilanzielle
 Gewinnermittlung 17, 21
Steuerbilanzrecht 11, 29, 156
steuerfreie Betriebseinnahmen 18
steuerfreie Rücklagen 89
steuerliche
 Buchführungspflicht 12 f.
steuerliche Rechnungs-
 abgrenzungsposten 120
steuerlicher Jahresabschluss 14 f.
steuerliches Gewohnheitsrecht 95

Steuerstundende Rücklagen 89
Steuerstundungseffekt 102
Stille Reserven
 89, 108, 141, 155
strenges Niederstwertprinzip 78
Strikte Zuschreibungspflicht 69
striktes Wertaufholungsgebot 80
Stückzinsen 67

T

Technische Anlagen 55, 59
Teileinkünfteverfahren 88
Teilwert 32, 61, 70, 80, 155
Teilwertabschreibung
 61 f., 68, 76, 80, 161
Teilwertvermutungen 62
Transformationsprozess 76
Transparenzprinzip 85
Trennungsprinzip 87

U

Überleitungsrechnung 14
Übernahmefolgegewinn 161, 164
Überschusseinkunftsarten 62
Übertragungsgewinn 159, 161
Umkehrschluss 66
Umlaufvermögen
 20, 27, 70, 76 f., 80, 101
Umsatzerlöse 77
Umsatzsteuer 79, 121
Umwandlungsgesetz 156
Umwandlungsrecht 156
Umwandlungssteuergesetz
 139, 156
unbewegliche Wirtschaftsgüter 26
Unechter Zuschuss 90
uneinbringliche Forderung 77 ff.
unfertige Erzeugnisse 76
Ungewisse Verbindlichkeit 111 ff.
unselbständige Gebäudeteile 33, 36

Unterbewertung	141

V

variables Kapitalkonto	86
Verbindlichkeiten	21, 109
Verbindlichkeitsrückstellungen	112 f.
Verbrauchsteuern	120
Verkaufswertverfahren	76
Vermögensübertragung	156 ff.
Vermögensvergleich	17
Verschmelzung	156 ff.
Vertragsabschluss	78
vertretbare Wirtschaftsgüter	70
vollwertige Forderung	78
Vorräte	70, 76, 120
Versicherungsprämien	120

W

Wahlrecht	23, 25, 29, 65, 89, 142, 162
Währung	77, 80
Wertaufhellungsprinzip	68
Wertaufholungsgebot	80
Werthaltigkeit	77
wertbeeinflussende Tatsachen	68
Wertminderung	61 f., 68, 70, 76, 78
Wertpapiere	67, 81 f.
wirtschaftlicher Eigentümer	46, 48
Wirtschaftsgebäude	33
Wirtschaftsgüter	20 ff.
Wirtschaftsjahr	17, 62 f., 65, 90, 97

Z

Zahlung	15, 78, 118
Zahlungsfähigkeit	78
Zahlungszeitpunkt	121
Zeitpunkt	12, 40, 44, 70, 78, 95, 102
Zeitraumrechnung	17, 19
Zinseffekt	89, 101, 108
zivilrechtlicher Eigentümer	21, 30, 33
Zölle	120
Zubehör	30
Zugangsbewertung	67, 70
Zuschlagskalkulation	58
Zuschreibung	69, 80 f.
Zuschuss	89 f., 94
Zuschussrücklage	89, 94
Zweckbestimmung	26
zweifelhafte Forderung	78 f.
Zwischenwerteinbringung	142

leicht gemacht ®

BGB – *leicht gemacht* ®

Erfolg bei BGB-Prüfungen: Eine Schulung für Jura- und Wirtschaftsstudenten

von Notar Dr. Heinz Nawratil und Richter Peter-Helge Hauptmann

Ein erstaunlich umfassendes Taschenbuch. Hier wird das Bürgerliche Gesetzbuch lebendig und verständlich vermittelt. Viele Übersichten und Leitsätze erleichtern Auffassung und Anwendung. Sie erlernen:

– Die Kernbereiche des BGB
– Die Beherrschung der Prüfungsthemen
– Die Anwendung der Regeln des Rechts
– Was bei der BGB-Klausur zählt

Eines der erfolgreichsten Bücher zur Einführung in das bürgerliche Recht. Frisch, originell und anregend geschrieben. Generationen Studierender haben hiermit den Einstieg ins BGB gefunden und ihre Klausuren gemeistert.

Erscheint bereits in 33. Auflage mit mehr als 1 Million verkauften Exemplaren!

Ihr Plus: 9 Prüfschemata und 32 Übersichten.

leicht gemacht ®

Steuerrecht – *leicht gemacht* ®

Eine Einführung nicht nur für Studierende an Universitäten, Hochschulen und Berufsakademien

von Professor Dr. Stephan Kudert

Ein erstaunlich umfassendes Taschenbuch. Hier wird unser Steuerrecht von einem erfahrenen Universitätsprofessor vermittelt. Lebendig und fallorientiert löst der Verfasser die komplexen Sachlagen:

- Einkommensteuer
- Körperschaftsteuer
- Gewerbesteuer
- Umsatzsteuer
- Internationale Bezüge

Das Erfolgsbuch. Eine kurze und präzise Erläuterung aller Grundzüge. Eine unerlässliche Lernhilfe für die Steuerklausur sowie Beistand in Beruf und Alltag.

Das Plus: 18 Übersichten und 23 Leitsätze.

leicht gemacht ®

Internationales
Steuerrecht – *leicht gemacht* ®

Die Steuerwirkung grenzüberschreitender Aktivitäten.
Eine Einführung für Studium und Berufspraxis.

In leicht verständlicher, bewährt fallorientierter Weise erläutert ein erfahrener Professor die Besteuerung grenzüberschreitender Sachverhalte. Aus dem Inhalt:

– Doppelbesteuerungsabkommen
– In- und Outboundfälle ohne Abkommen
– Dividenden, Zinsen, Lizenzzahlungen
– Unternehmensgewinne, Veräußerungsgewinne
– Arbeitnehmerbesteuerung, Treaty-Overrides

Eine unerlässliche Hilfe für Studium und Beruf; auch geeignet zur Vorbereitung auf das Steuerberaterexamen oder einen Fachberaterlehrgang.

Ihr Plus: Übersichten und Leitsätze.

leicht gemacht ®

Einkommensteuer – *leicht gemacht* ®

Übersichtlich – kurzweilig – einprägsam

von Rechtsanwältin, Fachanwältin für Steuerrecht Annette Warsönke

Ein erstaunlich umfassendes Taschenbuch. Hier werden Lohn- und Einkommensteuer von einer erfahrenen Steueranwältin vermittelt. Lebendig und verständlich zeigt die Verfasserin alle Aspekte der komplexen Sachlage. Aus dem Inhalt:

- Steuerpflichten und Steuerbefreiungen
- Bewertungen und Abschreibungen
- Sonderausgaben und Verlustausgleiche
- Veranlagungen und Steuerermäßigungen
- Gewinneinkünfte und Überschusseinkünfte

Ein Erfolgsbuch. Es überzeugt durch seine klare Sprache. Zahlreiche Beispielfälle ermöglichen die schnelle Auffassung. Unverzichtbar für den Erfolg in Prüfung und Praxis.

Das Plus: 19 Leitsätze und 18 Übersichten.

leicht gemacht ®

Umsatzsteuer – *leicht gemacht* ®

Die Darstellung der sog. Mehrwertsteuer für Studierende und Praktiker

von Steuerberater und Betriebswirt Stefan Mücke

Fragen zur Umsatzsteuer? Ein erfahrener Steuerberater steht Ihnen zur Seite. Aus dem Inhalt:

- Leistung und Lieferung
- Unternehmerstatus und Vorsteuerabzug
- Steuersatz und Steuerfreie Umsätze
- Inland und Export

Eine fallorientierte Erläuterung von System und Umsetzung mit konkreten Hinweisen zur Handhabung.

Ihr Plus: 49 Leitsätze und 35 Übersichten.

leicht gemacht ®

Körperschaftsteuer – *leicht gemacht* ®

Das KStG: Übersichtlich – kurzweilig – einprägsam

*von Rechtsanwältin, Fachanwältin für Steuerrecht
Annette Warsönke*

Dieses Lehrbuch vermittelt in leicht verständlicher und bewährt fallorientierter Weise Grundlagen und Systematik der Körperschaftsteuer. Aus dem Inhalt:

- Steuerermittlung und Steuerbefreiungen
- Gewinnausschüttungen, Einlagen und Aufwendungen
- Beteiligungen, Verlustabzüge und Zinserträge
- Organschaft und Liquidation

Der schnelle Zugang zur Einkommensbesteuerung von Körperschaften, Personenvereinigungen und Vermögensmassen.

Ihr Plus: Mit 12 Leitsätzen und 14 Übersichten.

leicht gemacht ®

EÜR – *leicht gemacht* ®

Die Einnahme-Überschuss-Rechnung: Ein Lehrbuch für Studium und Praxis

von Steuerberater Reinhard Schinkel

Das Erfolgslehrbuch mit Praxisanspruch. Es überzeugt durch klare Sprache und zweckmäßige Strukturierung. Zahlreiche Beispielfälle erleichtern Verständnis und Umsetzung. Aus dem Inhalt:

- Gewinnermittlung und Betriebsvermögen
- Einlagen und Entnahmen
- Betriebseinnahmen und Eigenverbrauch
- Betriebsausgaben und Anlagevermögen
- Abschreibungen und Rücklagen

Eine unerlässliche Lernhilfe für Studierende und Steuerfachangestellte. Unentbehrlich für Selbstständige und Unternehmer.

Ihr Plus: Ein Extra-Register zum einfachen Ausfüllen der Anlage EÜR.

leicht gemacht ®

Kosten- und Leistungsrechnung
– *leicht gemacht* ®

Eine Einführung für Studierende an Universitäten, Hochschulen und Berufsakademien

von Professor Dr. Stephan Kudert und
Professor Dr. Peter Sorg

Ein erstaunlich umfassendes Taschenbuch. Hier verdeutlicht ein erfahrenes Professorenteam die Kosten- und Leistungsrechnung. Erleben Sie deren Begeisterung von der Lehre. Verständlich und lebendig bringt das Team die Themenbereiche auf den Punkt. Aus dem Inhalt:

- Alle relevanten Berechnungsformen in überzeugenden Erklärungen
- Was sich hinter Begriffen wie Target Costing und Break-Even-Point verbirgt
- Praxisnahe Beispiele etwa aus der Produktion von Sportgeräten
- Alles zum Erfolg in der Klausur

Das Erfolgsbuch überzeugt durch klare Sprache und zweckmäßige Strukturierung. Zahlreiche Beispielfälle erleichtern Verständnis und Umsetzung. Eine unerlässliche Lernhilfe für die Klausur in Kosten- und Leistungsrechnung sowie Beistand in Beruf und Praxis.

Ihr Plus: 16 Leitsätze und 34 Übersichten.

leicht gemacht ®

Übungsbuch Rechnungswesen
– *leicht gemacht* ®

Das Rechnungswesen Plus: Lernziele, Übungen, Lösungen

von Professor Dr. Stephan Kudert und Professor Dr. Peter Sorg

Zwei erfahrene und anerkannte Professoren stehen Ihnen zur Seite. Ein umfassendes Arbeitsbuch. Einprägsam und lebendig. Hier finden Sie:

– Klare Lernziele vor jeder Lektion
– Umfassende Leitsätze als Lerngrundlage
– Kontrollfragen mit genauen Antworten
– Übungsaufgaben nebst konkreten Lösungen

Das methodisch-didaktische Übungsbuch zum Erfolgsband Rechnungswesen - leicht gemacht. Inhaltlich abgestimmt. Übergreifend verständlich.

Die ideale Prüfungsvorbereitung.

leicht gemacht ®

Rechnungswesen – *leicht gemacht* ®

Buchführung und Bilanz für Studierende an Universitäten, Hochschulen und Berufsakademien

von Professor Dr. Stephan Kudert und
Professor Dr. Peter Sorg

Ein erstaunlich umfassendes Taschenbuch. Hier verdeutlichen zwei erfahrene Professoren Buchführung und Bilanzierung. Erleben Sie deren Begeisterung von der Lehre. Verständlich und lebendig bringen die Autoren die Themenbereiche auf den Punkt. Aus dem Inhalt:

- Doppelte Buchführung
- Handelsrechtlicher Jahresabschluss
- Europäisierung und Globalisierung

Das Erfolgsbuch überzeugt durch klare Sprache und zweckmäßige Strukturierung. Zahlreiche Beispielfälle erleichtern Verständnis und Umsetzung. Seit 15 Jahren eine unerlässliche Lernhilfe für die Klausur im Rechnungswesen und ein Beistand in Beruf und Praxis.

Ihr Plus: 22 Leitsätze und 17 Übersichten.